Kinder gestalten
die Natur

Susanne Straßburger

Kinder gestalten die Natur

BuchVerlag
für die Frau

ISBN 978-3-89798-578-0

© BuchVerlag für die Frau GmbH, Leipzig 2020
Covergestaltung und Layout: Amrei Serfling, Leipzig
Fotos und Skizzen: Susanne Straßburger, außer: Pixabay.com (Titelfoto oben links)
Druck und Bindung: Standartų Spaustuvė UAB

Printed in Lithuania

www.buchverlag-fuer-die-frau.de

Die Bedeutung kreativer Arbeit in der Natur

Die Idee, künstlerische Projekte in der Natur umzusetzen, entwickelte sich ursprünglich gegen Ende des 20. Jahrhunderts aus einer Protestbewegung gegen den Kunstmarkt heraus. Mit *Landart* – wie diese Form des Kunstschaffens genannt wird – sollten Arbeiten entstehen, welche unmöglich in einer Galerie ausgestellt und somit dort auch nicht zum Verkauf geboten werden konnten.

Gedanken wie diese spielen bei den in diesem Buch vorgestellten Projekten und der Arbeit mit Kindern keine Rolle. Trotzdem ist das Thema der gestalterischen Auseinandersetzung mit Naturmaterialien aktueller denn je. Auf ganz andere Weise bietet es einen Gegenpol zu aktuellen Tendenzen.

Vor allem zum medialisierten Alltag von Kindern und Jugendlichen, die in der heutigen Zeit aufwachsen, bietet der schöpferische Umgang mit Naturmaterialien einen wichtigen Ausgleich. Im Vordergrund steht dabei die Materialerfahrung, welche bei der kognitiven Entwicklung junger Menschen eine entscheidende Rolle einnimmt. Im Gegensatz zur meist zweidimensionalen Arbeit mit digitalen Medien wird die Umwelt dabei mit allen Sinnen erfahr- und begreifbar. Die dabei gesammelten Erkenntnisse bilden den Grundstein für die Entwicklung weiterer geistiger Fähigkeiten und Denkprozesse.

Die intensive Beschäftigung mit abwechslungsreichen Oberflächenstrukturen und landschaftlichen Besonderheiten fordert und fördert sowohl Seh- als auch Tastsinn. Die Begebenheiten vor Ort müssen erkundet werden, um Vor- und Nachteile für die jeweiligen Projekte abzuschätzen, deren Eignung zu bewerten und anschließend im Einsatz zu erproben. Die Auseinandersetzung mit vielfältigen Materialien und ihren Eigenschaften fördert verschiedene Aspekte feinmotorischer Entwicklung. Zum einen schult die Erfahrung abwechslungsreicher Oberflächenbeschaffenheiten die Sensibilität des Tastsinns. Zum anderen laden unterschiedliche Konsistenzen und Widerstände zum Austesten des benötigten Kraft- und Bewegungsaufwandes ein. Bei vielen Projekten ist zusätzlich Fingerspitzengefühl gefragt, wobei die Hand-Auge-Koordination trainiert wird.

Neben dem Kennenlernen der Vielfalt von Materialität werden zusätzlich Ausdauer und Frustrationstoleranz herausgefordert. Im Gegensatz zum Umgang mit medialisierten Strukturen, welche in kurzer Zeit einen Überfluss an Ergebnissen ermöglichen, fordert die Arbeit in der Natur Geduld. Nicht jedes Projekt gelingt gleich auf Anhieb. Benötigte Materialien sind nicht immer vorhanden, was das Finden von Alterna-

tiven erfordert. Diese Entwicklung von der ursprünglichen Idee zur abgewandelten Form der Umsetzung sorgt obendrein für einen Zuwachs an Kreativität.

Die Vergänglichkeit der Werke ist in diesem Zusammenhang ein ebenso erwähnenswerter Aspekt. Digital geschaffene Produkte lassen sich geradezu grenzenlos vervielfältigen und bleiben beliebig lange verfügbar. Im Gegensatz dazu bestehen die in der Natur entstandenen Arbeiten nur auf Zeit, weil sie durch verschiedene Wettererscheinungen bedingt verwittern.

Da sich viele Projekte wunderbar in kleinen Gruppen realisieren lassen, bekommen die Kinder bei deren Umsetzung die Möglichkeit, gemeinsam Entscheidungen zu treffen und sich gegenseitig zu unterstützen. So werden auf spielerische Weise Kommunikation und Kompromissbereitschaft erlernt und getestet. Abschließend ist die positive Beziehung zu nennen, die Kinder zur Umwelt entwickeln, wenn sie im Freien kreativ werden. Die Natur, ihre Rohstoffe und Bewohner werden mehr und mehr bedroht, deshalb ist es von großer Bedeutung, folgenden Generationen bereits im Kindesalter einen wertschätzenden Umgang damit zu vermitteln.

Inspiriert von Arbeiten bekannter Landartkünstler wie Andy Goldsworthy, Richard Long, Nils Udo oder Zander Olsen wurden die in diesem Buch beschriebenen Projekte mit Fokus auf die zuvor genannten Punkte entwickelt – manchmal sehr nah am ursprünglichen Werk, manchmal abgewandelt und heruntergebrochen auf Details.

Zu diesem Buch

Bei der Arbeit mit Naturmaterialien ist es vor allem wichtig, sich auf vorhandene Gegebenheiten einzulassen. Aus diesem Grund sollen die Projektideen, die in diesem Buch zu finden sind, keinesfalls als fertige „Rezepte" gesehen werden. Sie haben vielmehr den Anspruch, als offen gehaltene Inspiration zu dienen und Möglichkeiten vorzustellen, wie deren Umsetzung ablaufen kann. In einer bebilderten Schritt-für-Schritt-Anleitung lässt sich der genaue Ablauf jeder Grundidee nachvollziehen. Ergänzt wird dieser jeweils durch die Vorstellung einer Vielzahl an

Varianten alternativer Durchführungsmöglichkeiten. Diese umfassen verschiedene Schwierigkeitsgrade, wodurch sich die Projekte je nach Erfahrungswerten in ihrem Anspruch anpassen lassen. Zusätzlich gibt es an dieser Stelle Vorschläge für die Umsetzung zu unterschiedlichen Jahreszeiten, unter Verwendung anderer Materialien oder an abweichenden Orten. Untermalt werden diese durch Fotografien und Skizzen.

Manchmal ist bereits auf den ersten Blick eine Form oder ein Muster zu sehen, auf die Bezug genommen werden kann.

Diese Form der Projektanleitung soll dazu anregen und ermutigen, eigene Ideen unabhängig von Ort oder Jahreszeit umzusetzen. Hier gibt es kein Richtig oder Falsch, denn der Weg ist das Ziel. Das Wichtigste ist der Spaß am Kreativsein an der frischen Luft und dem Gestalten mit Materialien, welche die Natur zur Verfügung stellt.

Immer wieder steht dabei die Frage im Raum, welche Form für die Umsetzung des jeweiligen Projektes geeignet ist. Anregungen dafür bietet die Natur selbst – durch genaues Hinsehen und Ergründen.

Welche Inspirationen liefert der Ort, an dem man sich gerade befindet? Welche Strukturen, Muster, Oberflächenbeschaffenheiten und Konturen sind zu sehen? Sind sie weich oder kantig, filigran oder massiv, schlicht oder üppig?

Laden sie dazu ein, sie aufzugreifen und fortzusetzen oder möchte man ihnen vielmehr etwas entgegensetzen? Auch geometrische Formen können dabei immer wieder ins Spiel kommen, da sie in abgewandelter Form überall in der Natur zu finden sind.

Gegliedert ist dieses Buch in vier Kapitel, jedes nähert sich den einzelnen Projekten auf unterschiedliche Weise. Bewusst wurde auf die Unterteilung nach Jahreszeiten verzichtet, da die meisten Ideen saisonunabhängig umsetzbar sind oder sich an die Wettergegebenheiten anpassen lassen.

Das erste Kapitel „Auf zur Entdeckungstour! – Vorhandenes erkunden" führt an das kreative Schaffen mit Naturmaterialien heran. Es beinhaltet einfache Übungen zum Kennenlernen und Annähern an das Hantieren mit Naturmaterialien. Der Schwerpunkt liegt hier auf der Materialerfahrung.

Die Projekte im zweiten Kapitel „Einmal anders, bitte! – Vorhandenes neuordnen" basieren auf den besonderen Eigenschaften jedes Materials und der intensiven Auseinandersetzung damit. Sie bilden den Ausgangspunkt für die Gestaltung der hier vorgestellten Projekte.

Manchmal muss man ganz nah herangehen, um Formen oder Muster erkennen zu können.

Grundlage für die Umsetzung der Ideen im dritten Kapitel „Schaut Euch das an! – Vorhandenes betonen" ist die genaue Betrachtung der Umgebung. Außergewöhnliche Gegebenheiten im Landschaftsbild werden dabei markiert, betont und weitergeführt.

Der Anreiz im vierten Kapitel „Höher und weiter! – Vorhandenem trotzen" ist es, den natürlichen Gegebenheiten etwas entgegenzusetzen. Unter anderem ist die Schwerkraft dabei ein Gegenspieler, die durch geschicktes Arbeiten überwunden werden kann.

Zeitangaben wurden absichtlich vermieden, da die Dauer der Durchführung stark vom gewählten Umfang abhängt wie auch von der Ausdauer und Geduld der Kinder. Jedes Projekt bietet die Möglichkeit, individuell über die Ausmaße der Umsetzung zu entscheiden. Je mehr Material verwendet wird, je größer das Endergebnis geplant ist oder je umfangreicher man eine gewählte Fläche gestaltet, umso mehr Zeit muss dafür eingeplant werden. Dabei sollte man zusätzlich beachten, dass sich neben der Umsetzung auch Planung und Materialsuche langwierig gestalten können.

Die gewählten Altersangaben sind grobe Werte, die dem durchschnittlichen Entwicklungsstand von Kindern im jeweiligen Alter entsprechen. Viel besser können Eltern, andere Familienmitglieder oder Bezugs-Erzieher, die Fähigkeiten des Kindes einschätzen und entscheiden, ob und in welcher Form die jeweiligen Übungen durchführbar sind.

Die Arbeit in der Natur

DIE AUSGANGSMATERIALIEN

Auch wenn die Projekte, die in diesem Buch vorgestellt werden, viele Freiheiten lassen, gibt es trotzdem einige Dinge, auf die man bei der Arbeit in der Natur achten sollte. Gleich zu Beginn ist die Verantwortung zu nennen, die jeder Einzelne gegenüber der Umwelt trägt. Bei der Umsetzung jedes Projektes ist stets darauf zu achten, dass Rücksicht auf Flora und Fauna genommen wird. Aus diesem Grund sollten vorrangig solche Pflanzenteile Verwendung finden, die bereits am Boden liegen, da sie abgestorben oder aus anderen Gründen herabgefallen sind. Beeren und andere Früchte könnte man in geringen Mengen pflücken. Jedoch liegen oft bereits herabgefallene Exemplare am Boden, die sich ebenso gut verwenden lassen.

Die Art und Menge der Materialien, welche sich finden lassen, hängt unter anderem von den klimatischen

setzungen. Zum Beispiel lohnt es sich, im Sommer nach einem starken Regen oder einer Sturmböe vor die Tür zu gehen, denn dann fällt einiges zu Boden, was sonst nicht verfügbar ist – besonders im städtischen Umfeld, wo die Grünflächen stets gepflegt sind und permanent beräumt werden.

Selbstverständlich spricht nichts dagegen, Materialien an einem Ort zu sammeln, um sie im Anschluss an einem anderen einzusetzen. Nicht selten sind die benötigten Rohstoffe am gewählten Platz nicht verfügbar, sodass Alternativen gefunden werden müssen. Wer also seine Umgebung gut kennt, weiß schon vorher, wo er leuchtend gelbes Laub, lehmigen Boden oder die stabilsten Äste für das nächste Projekt finden kann.

VERBINDUNGEN SCHAFFEN

Bei einigen Projekten sind Verbindungen zwischen Materialien nötig. Wofür man zu Hause Nägel, Fäden oder Kleber nutzt, kommen bei den in diesem Buch beschriebenen Übungen Dornen, Gräser oder Schlamm zum Einsatz. Im Folgenden werden kurz einige Möglichkeiten vorgestellt, welche Alternativen zu den sonst eingesetzten Hilfsmitteln Verwendung finden.

Wird ein Knoten benötigt, können Gräser, Blattstiele oder Halme als Ersatz für einen Faden dienen. Bei deren Verwendung ist jedoch darauf zu achten, dass sie schneller von Wind und Wetter zerstört werden als von Menschenhand geschaffene Bänder. Allerdings sind diese ohne Zweifel biologisch abbaubar. Möchte man mit ihnen einen Knoten binden, muss sehr vorsichtig vorgegangen werden, damit sie nicht brechen oder reißen.

Gegebenheiten in den einzelnen Jahreszeiten ab. Der Herbst bietet eine Menge Beeren oder Blätter, die oft auch den Winter hindurch nutzbar sind. In der kalten Jahreszeit sorgen niedrige Temperaturen zusätzlich für natürliche Baustoffe. Schnee und Eis haben besondere Eigenschaften, die spannende Projekte ermöglichen. Ein wenig Farbe bringen bunte Blütenblätter und Früchte im Frühjahr und Sommer mit. Stöcke und Steine sind das ganze Jahr hindurch verfügbar, was der Grund dafür ist, dass sie in nahezu allen Projekten Verwendung finden können. Es schadet jedoch nie aufmerksam zu sein, denn verschiedene Orte und Wetterbedingungen bieten unterschiedliche Voraus-

Nach einem regnerischen Tag ist am Boden liegendes Laub durchnässt und wird dadurch weich und biegsam. Zusätzlich funktioniert die feuchte Oberfläche durch die Adhäsions- und Kohäsionskräfte des Wassers wie Kleber und sie bleiben aneinander haften. Diese Eigenschaft kann genutzt werden, um flächige Verbindungen zwischen den Blättern zu schaffen. Allerdings funktioniert dies nur mit Laub, das bereits länger am Boden lag. Denn es enthält keine Feuchtigkeit mehr und hat dadurch seine eigene Spannung verloren.

Die Verbindung von größeren Materialien wie Stöcken und Steinen lässt sich gut mit Lehm oder feuchter Erde umsetzen. Er funktioniert an dieser Stelle wie Fugenkitt.

Bei einigen in diesem Buch beschriebenen Projekten kommen Laubblätter zum Einsatz. Diese miteinander zu verbinden, ist manchmal unumgänglich, da sie sonst wegrutschen oder vom Wind davongeweht werden. Die sicherste Variante sie aneinander zu befestigen, ist die folgende: sehr kleine Äste oder Dornen kann man als Nadeln nutzen. Die zu verbindenden Blätter werden so übereinandergelegt, dass sie sich leicht überschneiden. Das Stöckchen wird so hindurchgestochen, dass es in beiden Blättern steckt.

MÖGLICHE HILFSMITTEL

Wenige Projekte erfordern den Einsatz von Hilfsmitteln, die man von zu Hause mitbringen kann. Im Folgenden werden die zwei wichtigsten in diesem Buch verwendeten Hilfsmittel vorgestellt.

Juteband: Ab und zu sind festere Verbindungen nötig, welche man durch den Einsatz eines Jutebandes realisieren kann. Beim Kauf des Bandes ist unbedingt darauf zu achten, dass es sich um biologisch abbaubares Material handelt, damit Pflanzen und Tiere keinen Schaden nehmen.

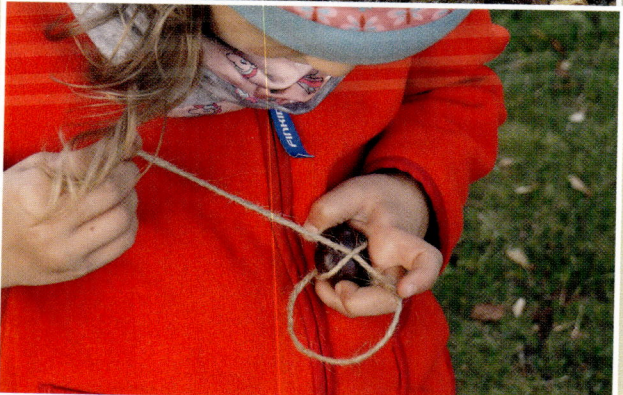

Messer: Bewährt hat sich hier ein klappbares Exemplar, da es erstens sicher zu transportieren ist und außerdem nur wenig Platz benötigt. Es gibt Messer, die speziell für Kinderhände konzipiert sind. Erziehungsberechtigte schätzen am besten selbst ein, ab wann ihre Kinder in der Lage sind, diese sicher zu führen. Bis dahin kann ihnen bei den wenigen Schnitten geholfen werden oder wenn es nur um das Abschneiden eines Bandes geht, eine Schere zum Einsatz kommen.

DER PASSENDE ORT

Wie eingangs erwähnt, sind die Projekte so gestaltet, dass ihre Umsetzung an vielen Orten möglich ist – jeweils angepasst an die vorhandenen Gegebenheiten. Vielleicht kommen bereits beim Überfliegen der ersten Seiten Ideen, welche Plätze sich für die Realisierung der einen oder anderen Übung eignen könnten. Es ist hilfreich, Notizen anzufertigen und Standorte in einer Karte zu markieren. In digitaler Form ließen sich die Gedanken sogar jederzeit unterwegs festhalten und abrufen. So muss nicht viel Zeit für die Suche nach einer geeigneten Stelle verwendet werden, denn diese kann durchaus einige Zeit in Anspruch nehmen. Die besten Voraussetzungen sind gegeben, wenn man einen Lieblingsort aufsucht und sich von den dort vorhandenen Materialien und dem Gelände inspirieren lässt. Dort angekommen kann kurz verweilt werden, um ihn erst einmal auf sich wirken zu lassen – ganz aus der Nähe oder von großer Entfernung. Dabei kann man sich auf Zehenspitzen auf den höchsten Stein stellen, sich ganz klein unter ein Gebüsch kauern oder lang ausgestreckt auf einer schrägen Böschung liegen. Einen Ort aus ungewohnten Perspektiven zu betrachten, lässt neue Gedanken entstehen und kann so das Finden einer Idee erleichtern.

Soll das Werk von anderen gesehen werden oder nicht? Diese Frage sollte man ebenso bei der Wahl des Umsetzungsortes berücksichtigen. Beschäftigt sich ein Projekt vielleicht mit einer Besonderheit der Landschaft, können andere Naturfreunde darauf hingewiesen werden, indem dieses an einem höher frequentierten Platz verwirklicht wird. Oft werden Betrachter dazu angeregt, das Werk fortzuführen oder selbst umzusetzen. Wer sich im Gegensatz dazu lieber vollkommen konzentriert und in Ruhe seinen künstlerischen Erkundungen widmen möchte, sollte sich ein abgeschiedenes Plätzchen suchen.

ERGÄNZENDE AUSSTATTUNG

Bevor es in Wald und Flur hinaus geht, folgen nun noch ein paar Tipps zur mitgeführten Ausstattung. Wer fleißig arbeitet, braucht zwischendurch ganz sicher eine Stärkung. Bei einem kleinen Picknick lassen sich am besten neue Kräfte sammeln. Zusätzlich kann eine Pause helfen, neue Motivation zu finden und ein

wärmen. Sobald im Frühjahr die ersten Sonnenstrahlen kitzeln, sollten Sonnenhut und Sonnencreme stets Begleiter auf Ausflügen in die Natur sein. Neben der bunten Blütenpracht bringt der Sommer auch einige Insekten mit. Vor diesen kann man sich mit entsprechendem Spray und langer Kleidung schützen. Festes Schuhwerk sollte auch an heißen Tagen getragen werden, um Verletzungen vorzubeugen. Zusätzlich ist vor allem im Hochsommer darauf zu achten, dass stets ausreichend Wasser vorhanden ist, um den Durst zu stillen. Matschhose und Regenjacke sorgen dafür, dass ein Projekt an feuchten Tagen aufgrund von durchnässter Kleidung nicht vorzeitig abgebrochen werden muss.

Egal, ob im Park, im Wald, auf der Wiese oder am See – man trifft auf eine Vielzahl verschiedenster großer und kleiner Pflanzen, Insekten oder andere Lebewesen. Diese kennenzulernen und mehr über sie zu erfahren, kann ein ergänzender Teil des Ausfluges sein und Flora und Fauna den Kindern noch ein Stückchen näherbringen. Bestimmungsbücher helfen zu erkennen, um welches Geschöpf es sich handelt und liefern zusätzliche Informationen über besondere Merkmale und deren Lebensräume. Es gibt Bücher mit besonders kindgemäßer Gestaltung, sodass auch die Kleinsten ihre Freude dabei haben, heimische Pflanzen und Tiere näher zu entdecken.

vielleicht gescheitertes Projekt noch einmal von Neuem zu beginnen. Da nicht alle Naturmaterialien ungiftig sind, sollte etwas zur Reinigung der Hände mitgenommen werden. Beim Essen entstandene Abfälle packt man am besten in eine mitgebrachte Mülltüte und entsorgt diese zu Hause.

Jede Jahreszeit hat ihre Reize und sollte für kreative Taten im Freien kreativ genutzt werden. Dabei ist darauf zu achten, dass nicht nur die Kleidung der Kinder den klimatischen Bedingungen angepasst ist. Neben dicken Socken, Mütze und Schal kann in der kalten Jahreszeit auch eine heiße Tasse Tee aus der Thermoskanne

Auf zur Erkundungstour! – Vorhandenes entdecken

Im ersten Kapitel dieses Buches werden einfache Projekte vorgestellt, die als „Aufwärmübungen" für die kommenden Abschnitte dienen. Zum einen sollen die Sinneswahrnehmungen dabei geschult werden. Zum anderen soll sich der Blick für die Umwelt nach und nach schärfen. Vorhandenes soll man nicht nur wahrnehmen, sondern zusätzlich als Inspiration begreifen, die Vorstellungskraft anzuregen – aus dem, was die Natur zur Verfügung stellt, soll Neues entstehen. Bei der intensiven Erkundung von Formen, Farben und anderen Eigenschaften nähern sich die Kinder den ihnen vertrauten Materialien auf intensive Weise an. Bekanntes wird dabei in neue Zusammenhänge gebracht.

Sinneswahrnehmungen schärfen

Sehen, Riechen, Hören, Fühlen, Schmecken – die fünf Sinne sind bei jedem unterschiedlich ausgeprägt. Manche Menschen haben „Adleraugen", eine „Spürnase" oder andere echtes „Fingerspitzengefühl". Aber solch eine besonders stark entwickelte Wahrnehmung ist nicht unbedingt angeboren. Man kann sie trainieren, indem man lernt, sich auf einzelne von ihnen zu konzentrieren. Auf diese Weise lassen sich kleinste Details erspüren. Um sich voll und ganz einem Sinn widmen zu können, wird den anderen dabei eine kurze Pause gegönnt.

Alter:
ab 2 Jahre

Anforderungen an:
Konzentrationsvermögen, differenzierte Wahrnehmung und Erkennen verschiedener Geräusche, Gerüche und Oberflächenbeschaffenheiten, Kommunikationsfähigkeit

Benötigte Zusatzmaterialien:
ein Tuch, Ohrstöpsel oder Gehörschutz, ein Papiertaschentuch oder eine Nasenklammer

Fühlen – weiches Moos, sonnengewärmte Steine, spitze Tannennadeln
Die einfachste und sicher nicht unbekannte Variante, eine Sinneswahrnehmung zu stören, ist das Verbinden der Augen. Alternativ kann man die Mütze einfach ein wenig tiefer ins Gesicht ziehen oder die Augen mit den Händen bedecken. Das Kind, das nun nichts mehr sieht, ist auf einen Partner angewiesen, der es führt. Dies ist zusätzlich eine kleine Vertrauensübung und schult die Kommunikationsfähigkeiten.

Lässt das geführte Kind sich darauf ein, können die Nasenlöcher ergänzend mit einer Nasenklammer oder Stücken eines Papiertaschentuchs verschlossen werden. Der Hörsinn lässt sich mit Ohrstöpseln ausschalten, damit der Fühlende sich bestmöglich auf seinen Tastsinn fokussieren kann. Nun wird er zu verschiedenen Materialien und Objekten gelotst, um sie mit seinen Händen zu erkunden. **[1]**

Wie fühlt sich die Oberfläche an? Warm oder kalt? Hart oder weich? Ist das Material biegsam oder spröde? Die Füße können im Anschluss die Hände ablösen, um nun barfuß (wenn es die Außentemperatur zulässt) verschiedene Untergründe zu untersuchen. Lässt sich auf diese Weise ebenso viel erspüren wie mit den Fingern? Sind Füße empfindsamer als Hände? Gibt es einen Teil des Fußes mit welchem sich der Untergrund am besten ertasten lässt – mit den Zehen vielleicht oder der Fußsohle? **[2]**

Hören – *Schritte im Schnee, fallendes Laub oder tosende Flüsse*

Um sich bestmöglich auf den Hörsinn konzentrieren zu können, werden auch hier die Augen verbunden und die Nase verschlossen.

Jetzt heißt es „Ohren spitzen!" – gibt es etwas zu hören? Ist der Klang laut oder leise? Sind langanhaltende Töne dabei oder nur ganz kurze? Sind sie nah oder fern und aus welcher Richtung kommen sie? Von wem könnten die Geräusche stammen – einem Tier oder einer Pflanze? Ist noch mehr zu hören, wenn man ganz still steht und die Luft anhält?

1

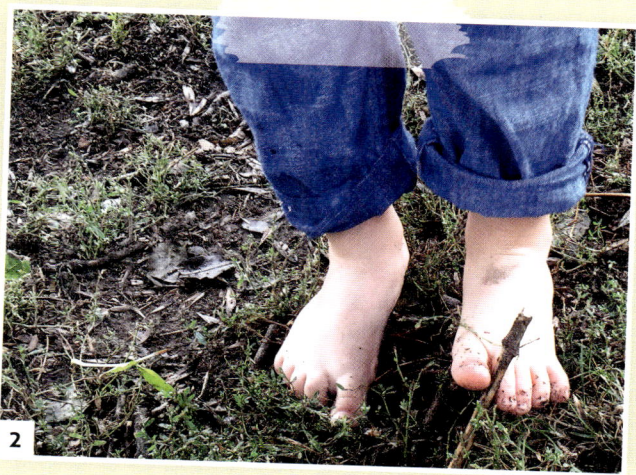

2

Riechen – *zarte Düfte von Blumen, moosiges Totholz, Regen, wenn er gerade beginnt auf die Erde zu fallen*

Wie bei den vorangegangenen Sinnen kommt auch hier wieder ein Tuch zum Verbinden der Augen zum Einsatz. Zusätzlich können die Ohren verschlossen und die Hände hinter dem Rücken versteckt werden.

Zu Beginn hält man die Nase einfach in den Wind. Wie riecht es in der Umgebung? Kommt der Geruch aus einer bestimmten Richtung oder ist die ganze Luft von einem Duft erfüllt?

Als nächstes können dem Riechenden verschiedene Dinge unter die Nase gehalten werden. Was lässt sich wittern? Ist es intensiv oder kaum wahrnehmbar? Erinnert dieser Geruch an etwas Bekanntes? Hat eben schon einmal etwas ähnlich gerochen? Was könnte es sein und was überhaupt nicht?

Die Helfenden können die von ihnen gesuchten und bereits beschnupperten Dinge auf einer Skala von geruchlos bis intensiv riechend sortieren. Eine gemeinsame Auswertung zum Schluss bringt sicher einige interessante Erkenntnisse.

Für besondere Spürnasen kann dieses kleine Projekt in einem Kräuter- oder Blütengarten durchgeführt werden. Wer kann verschiedene Pflanzen anhand ihres Duftes unterscheiden? [3–5]

Sehen – *spiegelnde Lichtreflexe im Wasser, sich im Sturm biegende Bäume oder verschiedenste Grautöne an einem Strand voller Steine*

Der Sehsinn wird in dieser Übung nicht explizit aufgegriffen, da er in vielen weiteren Projekten in diesem Buch eine wichtige Rolle spielt.

Schmecken – *ölige Sonnenblumenkerne, bitterer Salbei, sonnengereifte Tomaten*

Auch der Geschmackssinn kann auf diese Weise erprobt und verfeinert werden. Jedoch sollte dies nur mit bekannten Pflanzen und Früchten geschehen, denn auch einheimische Gewächse können giftig sein. Am besten lässt sich diese Variante der Übung im eigenen Garten umsetzen, denn hier sind auch den Kindern sicher die ein oder anderen Früchte und Kräuter bekannt, was die Motivation am Erraten hochhält.

3

4

5

Materialien entdecken

In einer Art Bestandsaufnahme wird in diesem Projekt untersucht, welche Materialien in Wald und Flur zu finden sind. Da sich dies von Ort zu Ort stark unterscheiden kann, lohnt es sich, diese kleine Kennenlernübung an verschiedenen Plätzen durchzuführen. Auf diese Art können die Kinder ein Gefühl für die Gegebenheiten verschiedener Landschaften und die dort vorkommenden Rohstoffe entwickeln.

Die ausfindig gemachten Materialien sollen, jedes in einem anderen Feld eines Rasters angeordnet, einen

ⓘ

Alter:
ab 3 Jahre

Anforderungen an:
Erkennen verschiedener Materialien, Vorstellungskraft, Feinmotorik, Ausdauer

Benötigte Zusatzmaterialien:
ggf. ein Band zum Abstecken

guten Überblick bieten. Vor dessen Vorbereitung kann man sich gemeinsam umschauen, wie viele verschiedene Dinge tatsächlich vorhanden sind. So kann das Raster in eine entsprechende Anzahl von Feldern unterteilt werden. Gerade bei der ersten Durchführung dieser Übung oder bei der Umsetzung mit Kleinkindern können gezielt Plätze aufgesucht werden, die eine große Fülle verschiedener Dinge bieten, um die Suche zu erleichtern. Zusätzlich können bereits gesammelte Materialien mitgebracht werden.

Grob entfernt man Stöcke, Steine und anderes von der für das Raster vorgesehenen Fläche. Den Umständen entsprechend eben bietet sie den Kindern so eine gute Grundlage,

1

2

die gefundenen Naturschätze zu präsentieren. Im Anschluss dienen Stöcke zur Begrenzung der Felder, die sich auf die gewünschten Längen brechen lassen. [1] Nachdem der äußere Rahmen abgesteckt wurde, kann die innere Unterteilung vorgenommen werden. Dabei sollte man berücksichtigen, dass sowohl mit der Größe des Rasters als auch der Anzahl der einzelnen Felder der Aufwand zunimmt. Zum einen wird die Herausforderung größer, jedes Feld mit einem anderen Material zu füllen. Zusätzlich nimmt dies mehr Zeit in Anspruch.

Was lässt sich nun aufspüren, um die Felder zu füllen? Ist es möglich, jedes mit einer anderen Farbe zu versehen? Welche Menge des jeweiligen Materials wird benötigt, um eine Fläche vollständig zu bedecken? Und in welcher Form soll es dabei angeordnet werden? In Reihen akkurat nebeneinander, im Kreis oder einfach eingestreut?

Sind mehrere Kinder beteiligt, werden die Felder untereinander aufgeteilt oder gemeinsam befüllt. Wie und womit können die Jungen und Mädchen untereinander absprechen. [2]

Handelt es sich um besonders kleinteilige Dinge, kann ein Rasterfeld ein weiteres Mal unterteilt werden. [3]

Ist der Boden nicht mehr zu sehen, können die einzelnen Felder nun ausführlicher betrachtet werden. Was genau wurde zusammengetragen? Woher stammen die Materialien? Welchen Zweck erfüllen sie in der Natur? Warum gibt es sie genau an diesem Ort? Sind sie auch anderswo zu finden? Und das zu jeder Jahreszeit?

Dabei können zusätzlich die einzelnen Flächen genauer unter die Lupe genommen werden. Sieht jedes Teil im jeweiligen Feld aus wie das andere? Oder lassen sich Unterschiede in Größe, Farbe oder Verwitterungszustand feststellen? Um diese zu veranschaulichen, können innerhalb der einzelnen Rasterflächen noch einmal Unterteilungen vorgenommen werden. **[4]**

3

Varianten: Je häufiger man diese Übung durchführt und je weiter die Kinder in der Entwicklung ihrer Wahrnehmung sind, desto detailliertere Unterschiede lassen sich feststellen. Eine Konzentration auf sehr feine Besonderheiten ist hierbei möglich – Steine können ausschließlich nach Farben oder Stöcke nur nach ihren Formen betrachtet werden. Aber auch eine Sammlung und Zuordnung unterschiedlicher Früchte und Blätter von Waldbäumen ist möglich.

Die Untersuchung des Vorhandenen muss nicht ausschließlich unter optischen Gesichtspunkten geschehen. Lassen sich Materialien auch nach Oberflächenbeschaffenheit oder gar Geruch sortieren?

4

Formen aufspüren

Egal, wo wir uns befinden – in unserem Umfeld gibt es *Formen, die wir kennen* und die wir in abgewandelter Art und Weise überall wiederfinden. Manchmal sind sie deutlich zu erkennen, ein anderes Mal nur mit viel Vorstellungskraft zu sehen. Ein Teller ist rund wie ein Kreis, das Stück Pizza darauf sieht aus wie ein Dreieck und die Streifen auf einem T-Shirt sind lange Linien, die um den Körper herumführen, der dieses Kleidungsstück trägt. Aber nicht nur von Menschen gestaltete Dinge haben diese Formen, sie sind auch in der Natur zu finden. In diesem Projekt soll auf die Suche nach ihnen gegangen werden.

Alter:
ab 3 Jahre

Anforderungen an:
Wahrnehmung und Erkennen von geometrischen Formen und Farben, Abstraktionsvermögen

Benötigte Zusatzmaterialien:
Vorlagen mit geometrischen Formen (am besten laminiert, damit sie Wind und Wetter trotzen können)

Wie sehen diese einfachen geometrischen Figuren aus? Was unterscheidet sie und was haben sie gemeinsam? Um dies möglichst anschaulich besprechen zu können, bringt man Dreieck, Kreis und Quadrat am besten mit in die Natur. Sie können aus Papier, Karton oder fester Folie geschnitten werden. Laminiert sind sie allerdings besonders haltbar und können bei Wind und Wetter zum Einsatz kommen.

Eine Handvoll gesammelten Materials hilft zu Beginn, sich der Eigenschaften der Formen anzunähern. Welches davon hat gerade Kanten und welches nicht? Wie viele Ecken sind zu sehen – oder gibt es vielleicht gar keine? Hat es eine gleichförmige oder unregelmäßige Kontur? Lässt sich ein Objekt immer eindeutig zuordnen oder kann es vorkommen, dass es mehreren Figuren gleichzeitig entspricht?

Besonders jungen Formensuchern kann man die Zuordnung erleichtern, indem zuvor gesammelte Materialien zur Verfügung gestellt werden, die eindeutig klassifizierbar sind.

Haben die Kinder ein Gefühl für die Merkmale entwickelt, kann die gezielte Suche beginnen. Kleine Aufgaben unterstützen die Suche: Gibt es kreisrunde Steine? Wer findet den geradesten Stock? Sieht jemand einen gepunkteten Käfer? Und wie dreieckig kann ein Laubblatt eigentlich sein?

Tipp: Zur besseren Fokussierung kann ein kleiner Rahmen hilfreich sein. Ein selbstgebastelter Papprahmen erfüllt diese Funktion ebenso gut wie ein kleiner aussortierter Bilderrahmen.

Anhand der Beispiele auf der folgenden Doppelseite lässt sich vielleicht bereits erahnen, welche Formenvielfalt die Natur bereithält. Eine bewusste Konzentration auf diese wird überraschende Entdeckungen herbeiführen.

Herstellung der laminierten Formen:

Die Formen auf einem A4-Blatt so anordnen, dass sie sich nicht überschneiden. Dies kann an einem Computer genauso gut umgesetzt werden, wie mit Lineal und Zirkel. Anschließend die Figuren ausschneiden und zwischen den beiden Schichten der Laminierfolie platzieren. Auch dabei ist darauf zu achten, dass sie mindestens 1 cm Abstand voneinander haben. Nachdem die Formen laminiert wurden und die Folie abgekühlt ist, können die Formen vorsichtig ausgeschnitten werden. Die Schnittkante sollte mindestens ½ cm von der Kante der Form entfernt sein.

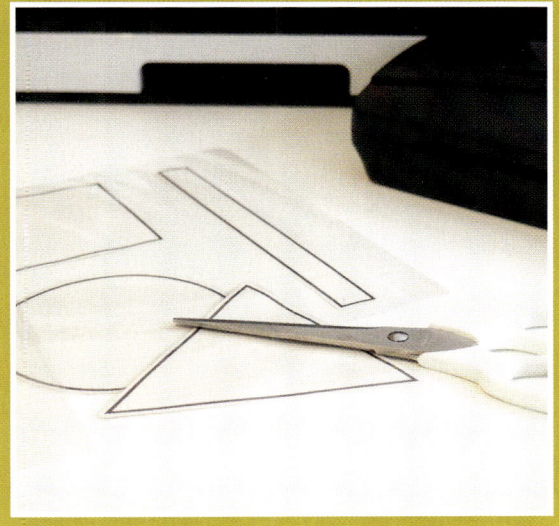

Varianten: Dieses Projekt lässt sich auch wunderbar im urbanen Umfeld umsetzen, denn von Menschenhand geschaffene Formen können meist sogar eindeutiger zugeordnet werden.

Wer bereits Erfahrungen im Aufspüren verschiedener Formen hat, kann zusätzlich auf die Suche nach dreidimensionalen Figuren gehen. Auch Kugel, Quader, Pyramide, Zylinder, Kreiskegel oder Spindelformen lassen sich finden. Zur Unterstützung können auch hier laminierte Bilder zum Einsatz kommen oder Bausteine und Alltagsgegenstände, die diesen geometrischen Körpern ähneln.

Neben Figuren und Körpern kann man auch verschiedene Farben aufspüren. Dabei können aus Buntpapier zurechtgeschnittene Farbproben Verwendung finden, mit denen man die Kinder auf die Suche schickt. Führt man dieses Erkundungsspiel an verschiedenen Orten durch, können im Anschluss Gemeinsamkeiten und Unterschiede besprochen werden. Welche Farben sind fast überall zu finden? Welche sieht man kaum? Lassen sich alle eindeutig zuordnen? Gibt es jede Tönung nur einmal oder sind verschiedene Nuancen zu sehen? Worin unterscheiden sie sich? Die vier Jahreszeiten liefern unterschiedlichste Farbtöne. Welche sind typisch für den Herbst? Welche für den Winter, Frühling und Sommer? Gibt es Farben, die in jeder Jahreszeit zu sehen sind?

Die nach Formen oder Farben kategorisierten Materialien können einzeln fotografiert und zu Hause zu einem Zuordnungsspiel gestaltet werden. So kann man bei schlechtem Wetter drinnen weiter üben.

Spuren hinterlassen

Die wohl einfachste Möglichkeit, seinen Schaffensdrang in der freien Natur auszuleben, ist, den Boden selbst als Zeichenfläche zu nutzen. Gerade Kleinkinder sind begeistert davon, *Spuren jeglicher Art zu hinterlassen.* Bei dieser Übung benötigt man nichts weiter als einen Untergrund, in den sich Linien mehr oder weniger leicht einbringen lassen.

Die Nutzung des Bodens als Zeichenfläche ermöglicht eine sehr direkte Auseinandersetzung mit dem jeweiligen Material, da Reaktionen sofort sichtbar werden. Dabei können die Kinder spielerisch ergründen, welche Bodenart welche Besonderheiten mit sich bringt. Sieht ein Strich mit ein und demselben Stock auf jedem Untergrund gleich aus? Wie viel Kraft muss aufgewendet werden, bis eine Spur sichtbar wird? Ist diese bei jedem Untergrund gleich? Wie sieht die zarteste Linie aus, die hinterlassen werden kann? Und wie die stärkste?

Jedoch nicht nur das Material der Zeichenfläche bestimmt das Ergebnis. Auch die Wahl des „Stiftes" beeinflusst die Stärke, Form und Deutlichkeit der Linien. In manchen Fällen reicht bereits der leichte Druck eines Fingers, um einen Strich zu machen. In anderen ist ein mit Kraft geführter, spitzer Stein nötig, um ein sichtbares Ergebnis zu erzielen. Verschiedene Stöcke erzeugen unterschiedliche Strichstärken – eine Kombination aus diesen kann zu einem interessanten Ergebnis führen. Auch unterschiedlich tief gezogene Linien haben jeweils eine andere Wirkung. Zusätzlich können Zapfen, Blätter oder andere Objekte genutzt

i

Alter:

ab 1,5 Jahre

Anforderungen an:

Grob- und Feinmotorik, Wahrnehmung eigener Spuren, Vorstellungskraft

1

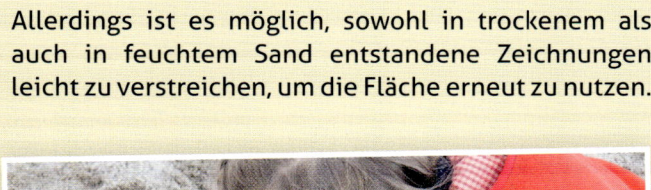

2

werden, um ergänzend zu den gezogenen Linien Abdrücke zu schaffen.

Durch den Einsatz verschiedenster Materialien werden unterschiedliche Anforderungen an die fein- und grobmotorischen Fertigkeiten der Kinder gestellt und diese dabei gefördert.

Erdboden lässt sich recht „eindeutig" bezeichnen. Der Strich auf ihm hebt sich dunkel ab, trocknet aber nach einer Weile und wird dadurch wieder so hell wie der Untergrund selbst. Verschiedene Strichstärken lassen sich hier sehr gut darstellen. **[1]** Auf gelockerter Erde kann man recht gut mit Abdrücken fester Materialien arbeiten. **[2]** Ist die Fläche mit Linien gefüllt, lässt sich die lose Erde mit den Füßen festtreten, um sie wieder zu ebnen. Allerdings hinterlassen auch die Fußabdrücke sichtbare Spuren.

Um einiges widerspenstiger hingegen ist trockener *Sand.* Er rutscht zusammen und lässt dadurch nur undeutliche und grobe Linien zu, wodurch verschiedene Strichstärken kaum wahrgenommen werden können.

Allerdings ist es möglich, sowohl in trockenem als auch in feuchtem Sand entstandene Zeichnungen leicht zu verstreichen, um die Fläche erneut zu nutzen.

Linien, die in *Schnee* entstehen, sind durch die Helligkeit und das Reflexionsvermögen des Materials nur schwer erkennbar. Allerdings hat Schnee den Vorteil, dass er nicht nur in der Horizontalen als Zeichengrund genutzt werden kann.
Eis und Raureif lassen besonders filigrane Linien zu. Auch sie können an vertikalen Flächen gestaltet werden. Bleiben die Temperaturen stabil, können so entstandene Zeichnungen lange bestehen.
Sogar auf *Felsen oder Stein* kann man zeichnen. Dabei wird allerdings ein wenig mehr Körpereinsatz verlangt, denn dieses Material gibt nicht so einfach nach. Mit anderen Steinen oder festen Stöcken können Muster gekratzt werden.

Nun stellt sich die Frage, welches Motiv umgesetzt werden soll. Die Kleinsten werden begeistert drauf los kritzeln und mit Staunen bewundern, was ihre Bewegungen auf dem Untergrund auslösen können. Erfahrenere Zeichner können sich von Mustern und Formen aus der direkten Umgebung inspirieren lassen – vom Muster der Rinde eines Baumes, von der Form der Blüte einer Blume oder der Struktur eines Moosteppichs. Diese können auf dem Zeichengrund unter Verwendung unterschiedlicher Materialien nachgeahmt werden. Aber auch Formen von Objekten, die sich am Boden befinden, kann man als Grundlage der Gestaltung nutzen. Ihre Konturen lassen sich umranden und dabei fortsetzen, erweitern oder verfremden. **[3+4]**

Varianten: Nicht nur die Hände können Spuren hinterlassen. Mit ein wenig Übung kann auch mit den Füßen ein Muster auf dem Boden entstehen. Zu Beginn mit den bloßen Zehen auf weichem Grund, später vielleicht sogar mit einem Stock, der zwischen den Zehen gehalten wird.

Besonders weiche und nachgiebige Untergründe wie Sand lassen sich nicht nur mit festen Hilfsmitteln bearbeiten. Die Elemente Wasser und Luft können dort ebenso ihre Spuren hinterlassen. Um gezielt mit Wasser zeichnen zu können, verwendet man vorzugsweise ein Gefäß mit Ausgusshilfe. Eine Luft- oder Ballpumpe kann zum Einsatz kommen, um die Auswirkungen von Luft auf einen leicht formbaren Boden auszutesten.

Im Winter lassen sich Spuren auf Eis nicht nur kratzen, sondern auch mit der eigenen Körpertemperatur hineinschmelzen. [5] Der Körperteil, mit dem der Abdruck gemacht werden soll, wird dafür einige Sekunden auf die Eisfläche gepresst. Handschuhe, Schuhe oder So-

cken, müssen hierfür allerdings abgelegt werden, damit die Wärme des Körpers das Eis tatsächlich zum Schmelzen bringen kann. Überfrorener Raureif eignet sich dafür am besten, denn auf diesem werden die Abdrücke schnell sichtbar und die Haut der Kinder wird nicht zu lange der Kälte ausgesetzt. Wer genau hinschaut, kann erkennen, wie das Eis unter der Handfläche zu Wasser wurde.

6

Auf eine ganz andere Art können im Sommer Körperabdrücke hinterlassen werden. Auch hierbei spielt das Element Wasser eine Rolle, denn es wird sozusagen als Farbe eingesetzt. Hand oder Fuß werden dafür ins Wasser getaucht und im Anschluss auf eine möglichst ebene Fläche gepresst. [6] Bleibt dieser Abdruck erhalten oder verschwindet er ganz langsam? Aus welchem Grund verblasst er mit der Zeit?

5

Einmal anders, bitte! – Vorhandenes neu ordnen

Die Auseinandersetzung mit den besonderen Eigenschaften eines jeden Materials liegt den Projekten dieses Kapitels zugrunde. Vor allem Ordnung und Anordnung dieser werden hierbei verändert und inszeniert. Ausgehend von deren Eigenschaften werden sie sortiert und in ihrer Gesamtheit in eine neue Form gebracht.

Vielfalt veranschaulichen

Egal, wo in der Natur wir uns befinden, es gibt überall viele verschiedene Materialien und diese wiederum in den unterschiedlichsten Ausführungen. Um diese *abwechslungsreiche Vielfalt zu untersuchen* und sichtbar zu machen, kann die Umsetzung eines Verlaufes die geeignete Methode sein. Beinahe jede Art von Material eignet sich hierfür – einzige Voraussetzung ist, dass es in verschiedenen Varianten vorkommt.

Lassen sich solche Dinge gerade in der Umgebung aufspüren? Ist etwas vorhanden, das in vielfältigen

Alter:
ab 5 Jahre

Anforderungen an:
differenzierte Wahrnehmung von Formen, Farben und anderen Eigenschaften, Feinmotorik, Vorstellungskraft, Ausdauer

Farben zu sehen ist (z. B. abwechslungsreich gefärbte Laubblätter im Herbst oder bunte Steine) oder fällt etwas auf, das in unterschiedlichen Größen existiert (z. B. ungleich lange Stöcke oder verschieden dicke Zapfen)? Vielleicht findet sich auf der Suche nach etwas Geeignetem aber auch ein Material, das in mehreren durch die Zeit beeinflussten Zuständen vorkommt (z. B. Früchte in unterschiedlichem Reifezustand oder Blüten, die verschieden weit geöffnet sind).

Die genaue Umsetzung sieht, abhängig vom Material, jedes Mal ein wenig anders aus. Anhand der Sortierung von Steinen wird im folgenden Projekt Schritt für Schritt erklärt, wie ein Verlauf gestaltet werden kann. Schon eine Handvoll Steine bietet mehrere Möglichkeiten sie zu ordnen: von Klein nach Groß, von Hell nach Dunkel oder von Eckig zu Rund. An diesem Flussbett fällt besonders die Farbigkeit der Steine ins Auge. Sie soll Grundlage des Verlaufes im folgenden Beispiel sein.

Zu Beginn wird geschaut, welche Farben sich in der großen Ansammlung von Kieseln verbergen. Auf den ersten Blick sind nur wenige Töne wahrnehmbar, aber je genauer man hinschaut, desto mehr Nuancen lassen sich entdecken. Hierbei ist es wichtig, darauf zu achten, dass nasse Steine bunter wirken, als sie tatsächlich sind. Aus diesem Grund sollten die Oberflächen vollständig getrocknet sein, bevor sie miteinander verglichen werden.

Wurden die verschiedenen Farben untersucht, wählt man von jedem vorhandenen Farbton den Stein, der am intensivsten gefärbt ist. Diese Steine bilden den Ausgangspunkt für die weitere

Anordnung des Verlaufes – das Grundgerüst sozusagen. Die Farben Rot, Weiß und Schwarz fielen hier besonders ins Auge. An anderen Orten können es auch andere Farbtöne sein. Sind die markantesten Farben gewählt, muss zusätzlich die Entscheidung getroffen werden, in welcher Form man den Verlauf anordnet. In manchen Fällen beeinflusst etwas am Ort des Schaffens seine Gestalt. Dies kann zum Beispiel ein Objekt sein, um das herum der Verlauf angeordnet wird oder eine Fläche, die mit diesem bedeckt werden kann.

Wie in diesem Beispiel gibt aber auch manchmal das Material Inspirationen: Da hier drei Farben Grundlage der Gestaltung sind, soll ein Dreieck entstehen. Die ausgewählten Steine markieren nun die Eckpunkte des Dreiecks. [1]

1

Von diesen ausgehend werden im Anschluss die Seiten gefüllt. Hierzu sammelt man am besten einige Steine und sortiert sie nach den zuvor ausgewählten Farben. So entstehen drei kleine Steinhaufen – ein roter, ein weißer und ein schwarzer. Innerhalb der Steinhaufen werden die passenden Steine gesucht. Welche Farbe liegt genau zwischen Rot und Schwarz? Wie sieht ein weißer Stein aus, der nur ein ganz klein wenig Rot enthält? Und wie ist es anders herum?

Nun werden die Seiten des Dreiecks, Stein um Stein, ergänzt und immer wieder ausgetauscht, bis jeder Stein seine Position im Farbverlauf gefunden hat. [2–5] Die bisher zusammengetragenen Kiesel reichen hierfür sicher nicht aus. Da aber bereits einige die farbliche Richtung vorgeben, kann nun auch gezielt nach passenden Farbtönen gesucht werden.

Varianten: Es gibt zahlreiche Möglichkeiten, Steine nach ihrer Farbigkeit zu ordnen – je nachdem wie viele Farben vorhanden sind oder was die Form der Anordnung inspiriert.

Wie bereits erwähnt, ist die Sortierung nach *Farbigkeit* nicht die einzige Möglichkeit Verläufe zu schaffen. Ein weiteres sehr offensichtliches Merkmal, das Grundlage einer solchen Anordnung sein kann, ist die *Größe* von Objekten. Welcher Stein ist der größte? Und welcher der kleinste? [6] Vom Sandkorn zum Felsen – manchmal kann diese Reihung auch einfach nur ein Gedankenspiel sein.

6

Eine weitere Möglichkeit, die Vielfalt der Natur zu ergründen, bietet der Herbst. Ein Waldboden voller Laub, das in leuchtenden Farben von den Bäumen gefallen ist, drängt sich geradezu auf, Ausgangspunkt eines Verlaufes zu sein. [7+8]

Welche Töne kann Herbstlaub haben? Die Blätter von welchem Baum sind besonders bunt? Welkt das Blattwerk aller Bäume gleichzeitig? Verfärben sich die Blätter nur oder ändern sich dabei auch andere Eigenschaften?

Die Form der Anordnung kann dabei zum Beispiel von der Silhouette des Blattes an sich inspiriert sein oder man platziert den Verlauf an einem Objekt. Zum Beispiel kann dies entlang eines Baumstammes oder um eine Pfütze herum geschehen.

Laub kann äußerst widerspenstig sein. Lassen sich die Blätter nicht so platzieren wie gewünscht, können kleine Stöcke oder Dornen wie in der Einleitung beschrieben als „Nägel" dienen. Auch der Regen, der im Herbst so oft fällt, kann bei diesem Projekt von Nutzen sein. Er sorgt dafür, dass das Laub weich und biegsam wird.

7

8

Der Herbst lässt neben buntem Blattwerk auch eine Vielzahl von Früchten aus den Baumkronen fallen. Jedoch sind diese nicht alle so knackig wie an der Supermarkttheke. Woran erkennt man, dass sie genießbar sind? Welches Obst ist noch nicht reif und welches bereits verdorben? Die *verschiedenen Reifegrade der Früchte,* die im Herbst um einen Obstbaum herum zu finden sind, können ebenso genutzt werden, um einen Verlauf zu gestalten. An einer Linie lässt sich die Entwicklung der Frucht wie auf einem Zeitstrahl darstellen.

Ein Verlauf kann selbstverständlich auch durch ein buntes Gemisch aus *unterschiedlichen Materialien* entstehen. Die Farbvielfalt wird so noch größer. Welche Nuancen lassen sich entdecken? Wie viele Brauntöne gibt es wohl im Wald? Worin unterscheidet sich das Rot einer trockenen Hagebutte von dem eines frisch gefallenen Laubblattes? Welcher Farbton bietet die meisten Abstufungen?

Leuchtend hervorheben

Eine umfangreichere Variante der Übung „Vielfalt veranschaulichen" soll nun den Boden um ein ausgewähltes Objekt herum *zum Leuchten bringen* und es dadurch hervorheben. Inspiriert wurde dieses Projekt von Andy Goldsworthy, dessen Arbeiten die Natur häufiger in der Form von Verläufen ergründen.

Zu Beginn muss ein passendes Objekt gewählt werden. Das könnte eine Bank, ein Stein oder, wie in diesem Beispiel, ein Baum sein. Bei der Auswahl ist es wichtig, darauf zu achten, dass die Dauer der Umsetzung vom

> **i**
>
> *Alter:*
> ab 6 Jahre
>
> *Anforderungen an:*
> differenzierte Wahrnehmung von Farben, Vorstellungskraft, Feinmotorik, Zielorientiertheit, Ausdauer

Umfang des Objektes abhängt. Je größer es ist, umso länger dauert es, das Objekt mit einem Verlauf zu versehen. An der gewählten Stelle sollte der Untergrund so eben wie möglich sein und keine größeren Hindernisse aufweisen. Stöcke und Steine im Umkreis von ungefähr einem Meter entfernt man dafür am besten.

Zur Vorbereitung sammeln die Kinder nun eine Handvoll Blätter und sortieren sie farblich auf verschiedene Haufen.

Welche Blätter sind die hellsten? Und welche die dunkelsten? Wie viele Farbtöne existieren zwischen ihnen und wodurch

1

zunehmen, umso weiter sie sich vom Zentrum entfernen. Wurden ausreichend Blätter gesammelt, kann die erste Umrandung um das Objekt herum angelegt werden. Hier findet das hellste Laub Verwendung. Auf die Formen der Kontur zu achten, ist dabei sehr wichtig. Um diese möglichst genau nachfahren zu können, lassen sich die Spitzen und Rundungen der Blätter gut nutzen. **[2+3]**

heben sich die Nuancen voneinander ab? Abgesehen von der Farbe, worin unterscheidet sich das Laub auf den verschiedenen Haufen noch? **[1]**

Sind die ersten Haufen vorbereitet, können nun weitere Blätter in den jeweiligen Färbungen gesucht werden. Es sollte so viel Laub sein, dass man jeden Farbton in ein bis zwei Ringen um das Objekt legen kann. Es kommen später weniger helle Blätter zum Einsatz als dunkle. Grund hierfür ist, dass die Kreise im Umfang

2

Nach und nach kann man nun auch die dunkleren Blätter in weiteren Reihen ergänzen. [4+5]
Zum Abschluss kann der Übergang zwischen den ausgelegten Blättern und dem Waldboden ein wenig „weicher" gestaltet werden. Hierfür sortiert man die Blätter, die sich in einem Umkreis von ca. einem Meter befinden, in den Verlauf mit ein. So bleibt ein dunkler Ring als äußerste Ebene zurück, der den Verlauf deutlich vom Rest des Untergrundes abhebt. [6]

Varianten: Wie eingangs erwähnt, können auch in der städtischen Umgebung Objekte zum Leuchten gebracht werden. Sie werden mit Sicherheit andere Besucher der Orte mit den Leuchtobjekten in Staunen versetzen. **[1]**

Ein Verlauf lässt sich nicht nur flächig um ein Objekt herum anordnen, sondern auch in Ringen. Dabei werden die einzelnen Nuancen der Blattfärbung deutlicher hervorgehoben. **[2]**

Zustände verändern

Im Winter mit Wasser zu spielen, kommt wohl den wenigsten in den Sinn. In diesem Projekt soll trotzdem genau das getan werden. *Wasser besitzt eine faszinierende Eigenschaft,* die man sich bei eisigen Temperaturen zu Nutze machen kann: Es ändert seinen Aggregatzustand. Bei Temperaturen unter 0 °C verfestigt es sich und gefriert zu Eis. Genau diese Besonderheit ist Grundlage der folgenden Projektidee, bei der Anhänger aus gefrorenem Wasser entstehen.

Um diese Eisformen herstellen zu können, ist eine Außentemperatur von mindestens 0 °C Voraussetzung. Am besten sollte die Kälte über einen Zeitraum von mehreren Tagen gewährleistet sein, damit die Anhänger ein wenig erhalten bleiben.

Alter:

ab 2 Jahre

Anforderungen an:

Feinmotorik, Vorstellungskraft und Geduld

Benötigte Zusatzmaterialien:

Wasser in einer Flasche, biologisch abbaubarer Faden, Schere, Gefäße, in die das Wasser gefüllt wird; evtl. Thermosflasche mit heißem Wasser

Dabei kommen Gefäße zum Einsatz, in die das Wasser gefüllt werden kann. Sie sollten in jedem Fall aus einem biegsamen Material bestehen, damit sich das Eis am Ende herauslösen lässt, ohne zu brechen. Dabei lassen sich Silikonformen ebenso gut verwenden wie recycelte Lebensmittelbehältnisse. Ob tief, flach oder breit – prinzipiell kann fast jedes elastische Gefäß genutzt werden, aber verschiedene Grundformen bringen unterschiedliche Besonderheiten mit sich. Je flacher das Gefäß ist, umso flacher wird auch die Eisform. Sie friert wesentlich schneller durch als eine hohe und stellt damit nicht so eine große Herausforderung an die Geduld

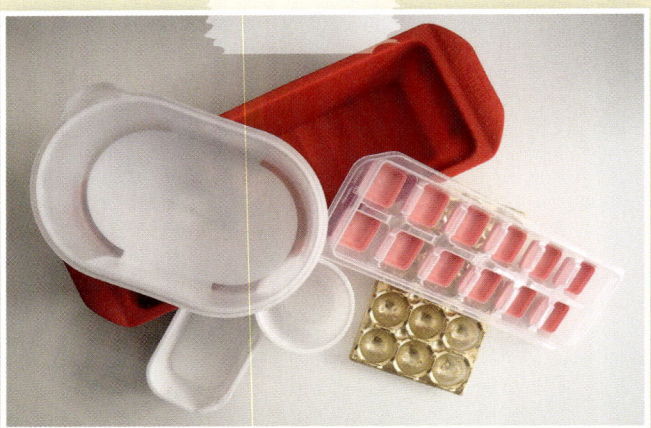

der Kinder. Durch eine dünne Eisschicht scheint am Ende wesentlich mehr Licht hindurch und man kann die einzelnen Elemente besser erkennen, da sie sich in nur einer Ebene befinden. Jedoch brechen und schmelzen sie wesentlich leichter als kompakte Eisstücke und sollten deshalb besser an einem windgeschützten Ort aufgehängt werden.

Sind passende Behältnisse gefunden, trägt man Materialien zusammen, die in der Eisschicht eingeschlossen werden sollen. Das können kleine Stöcke oder Steine, Blätter oder übrig gebliebene Früchte aus dem Herbst sein, wie Beeren oder Eicheln. Die Größe und Menge der benötigten Materialien richtet sich nach der Anzahl und den Maßen der verwendeten Gefäße.

Nun füllt man Wasser in die Form (in diesem Beispiel ist das Wasser für eine bessere Sichtbarkeit eingefärbt). Die Kinder können nun Blätter, Beeren und Stöcke in einem Muster oder einer bestimmten Anordnung in die Form geben. Sie können sie allerdings auch einfach per Zufall hineinstreuen.

Sind die Materialien platziert, wird zum Schluss ein Faden so in das Gefäß gelegt, dass er komplett mit Wasser bedeckt ist. Dort friert er ebenso fest und dient als Aufhängung für die Eisobjekte.

Nun können die Kinder beobachten, wie das Wasser ganz langsam gefriert. Dies geht schneller, als man sich vorstellen mag. Schon nach wenigen Minuten sind die ersten Eiskristalle auf der Wasseroberfläche zu entdecken. Je kälter die Außentemperatur und je dünner das Gefäß ist, umso schneller friert die Flüssigkeit durch.

Ist die Eisform komplett durchgefroren, lässt sie sich nun vorsichtig aus ihrem Gefäß herauslösen. Am besten funktioniert dies, wenn man sie zuvor ein wenig in der Hand erwärmt. Größere Formen können zusätzlich von außen vorsichtig mit heißem Wasser (aus der mitgebrachten Thermoskanne) begossen werden. An welcher Stelle soll der Anhänger nun platziert werden?

Varianten: Dieses Projekt lässt sich mit gesammelten Materialien auch zu Hause vorbereiten. Dafür müssen die Gefäße mitsamt dem Wasser und der darin arrangierten Materialien nur vorsichtig in den Tiefkühlschrank gestellt werden. Hinterher kurz auf die Heizung stellen, um die Formen schnell herauslösen zu können. Im Anschluss sollten sie zügig im Freien aufgehängt werden, damit sie nicht weiter schmelzen.

Wie im Beispiel kann dieses Projekt auch mit eingefärbtem Wasser durchgeführt werden. Dabei ist darauf zu achten, dass es sich bei den verwendeten Farben um biologisch abbaubare Materialien handelt. Anstelle mehrerer kleiner Formen kann man ebenso eine große Fläche gestalten. Hierfür eignet sich ein Backblech sehr gut. Auch bei dieser Variante wird der Boden mit verschiedenen Materialien bedeckt und im Anschluss mit Wasser aufgefüllt.

Aber auch mit tieferen Behältnissen lässt sich eine solche Eisform herstellen. Da die Materialien in einem hohen Gefäß ebenfalls ausschließlich auf dem Boden zum Liegen kommen, während das Wasser gefriert, bietet es sich in diesem Fall an, in mehreren Durchgängen zu arbeiten. So liegen Blätter, Beeren und Stöcke auf den jeweiligen Eisschichten. Hierfür wird zuerst eine dünne Schicht Wasser eingegossen, um nur diese gefrieren zu lassen. Im Anschluss werden die Materialien auf die erste Ebene gelegt und noch einmal mit Wasser übergossen, damit dieses erneut gefriert. Ist die erste Schicht fest, kann die nächste Schicht mit Materialien belegt werden. Dieser Vorgang wird so oft wiederholt, bis die komplette Höhe des Gefäßes gefüllt ist. Unterschiedlich eingefärbtes Wasser kann dabei dafür sorgen, dass sich die verschiedenen Schichten deutlich voneinander abheben.

Zwischenräume nutzen

Alter:
ab 4 Jahre

Anforderungen an:
Grob- und Feinmotorik, Kraftdosierung,
Erkennen von Längenverhältnissen

Einen Baum, der sich bereits an seinem Fuß teilt, so-dass zwei oder mehr Stämme nebeneinander stehen, nennt man Zwiesel. Diese Form des Wuchses ist immer wieder interessant und zieht die Blicke auf sich. Im folgenden Projekt soll sie genutzt werden, um Ästen einen neuen Platz zu geben.

Wie sieht der passende Baum für ein solches Projekt aus? Es sind alle Bäume geeignet, deren Stamm sich in mindestens zwei kleinere Stämme teilt. Dabei sollten diese idealerweise vertikal nebeneinander verlaufen. Außerdem sollte sich die Gabelung nah am Boden befinden, damit die Kinder diesen Zwischenraum problemlos erreichen.

Anschließend wird das Material zusammengetragen – jede Menge Stöcke oder Äste sind nötig. Welche Stöcke verwendet man am besten? Sollten sie biegsam sein? Eignen sich gerade oder krumme Äste besser? Macht es einen Unterschied, ob sie feucht oder sehr trocken sind? Wie dick kann der dickste Ast sein, der sich zwischen die Gabelung klemmen lässt? Und wie dünn der dünnste?

Möchte man den Stock einsetzen, biegt man ihn ein klein wenig zusammen und setzt ihn an eine Stelle zwischen den Stämmen, in die er gebogen gerade hineinpasst. Er sollte also ein klein wenig länger sein als die Stelle breit ist, in die man ihn einsetzen möchte. Lässt man ihn anschließend los, kehrt er wieder in seine gerade Form zurück. Dabei entsteht in ihm eine Spannung, die dafür sorgt, dass er sich zwischen die Stämme klemmt und dort seine Position hält. Hier ist Fingerspitzengefühl gefragt, denn wendet man zu viel Kraft auf, zerbricht der Ast womöglich. Biegt man ihn zu wenig, findet er keinen Halt.

Bei der Umsetzung finden sich sicher nicht immer Stöcke in der benötigten Länge. Um sie auf die richtige Größe zu brechen, gibt es zwei Varianten. Einen kleineren Zweig drückt man mit dem Daumen genau an der Stelle, an der er gekürzt werden soll, gegen den Stamm, bis er durchbricht. **[1]** Stärkere Äste können auf dieselbe Weise am Boden mit dem Fuß zerbrochen werden. **[2]**

Welches Muster kann mit den Stöcken gebildet werden? Ein gleichmäßiger Abstand kommt dabei genauso in Frage wie ein sich verändernder. Er kann von oben nach unten hin zu- oder abnehmen. Befestigt man die Äste so dicht aneinander zwischen den Stämmen, dass sie sich berühren, entsteht eine geschlossene Wand in der Gabelung. **[1–3]**

Varianten: Richtig fest zwischen den Stämmen sitzende Äste dienen auch dazu, um andere Materialien an ihnen zu befestigen. Farbige Blätter könnten die Sonne einfangen oder leichte Materialien als Windspiel aufgehängt werden. **[4]**

Wurden die ersten Äste horizontal zwischen die Stämme geklemmt, können diese genutzt werden, um wiederum kleinere Äste senkrecht zwischen sie zu klemmen. Auch das Einsetzen im Zickzack-Muster ist möglich, wobei sich die diagonalen Stöcke gegenseitig abstützen. Hierbei erhöht sich der Schwierigkeitsgrad und zugleich steigert sich die Anforderung an Geduld und Feinmotorik der Kinder. **[5+6]**

5

6

Nicht nur Stöcke können den Raum zwischen zwei Baumstämmen füllen. Welche Materialien stehen im Augenblick zur Verfügung – Steine, Zapfen, Lehm? Sie alle sind Werkstoffe, die Verwendung finden können. Jedes Material kann und muss durch seine besonderen Eigenschaften anders eingesetzt werden.

Steine: Beginnt man damit sie aufzutürmen, fällt schnell auf, dass sehr unterschiedliche Zwischenräume entstehen. Ganz sicher gibt es für jede Leerstelle einen Stein, der genau diese Stelle ausfüllt und somit zur Stabilität der Steinwand beiträgt. Die Form der Lücke, die ausgefüllt werden soll, ist die Negativform des gesuchten Steines. Die Suche nach dem bestimmten Stein stellt einige Anforderungen an die Wahrnehmung des Kindes, das ihn finden möchte. Dabei ist zusätzlich Geduld gefordert, denn selten ist dieser Stein auf Anhieb zu finden. **[7]**

7

8

9

10

11

Zapfen: Setzt man sie Reihe um Reihe wechselseitig versetzt ein, gleicht sich ihre Form gegeneinander aus. Die sich ineinander verhakenden Zapfen schaffen dabei ein festes Gefüge.

Lehm oder Schnee: Durch ihre Konsistenz sind das wohl die dankbarsten Materialien, die bei diesem Projekt zum Einsatz kommen können. Wie eine feste Mauer können sie den Raum zwischen zwei Ästen ausfüllen. **[8]** Schnee kann zusätzlich in Form von Schneebällen oder Harschplatten zwischen den Baumstämmen platziert werden. **[9]**

Nicht nur gerade gen Himmel ragende oder einfach geteilte Baumstamm-Gabelungen lassen sich als Rahmen nutzen – liegende Bäume bieten sich genauso an, wie Luftwurzeln, mehrfach geteilte Stämme oder höher gelegene Astgabelungen. **[10+11]**

Formen vollenden

In diesem Projekt spielt die *Symmetrie als Gestaltungselement* eine wesentliche Rolle. Symmetrisch ist ein Objekt dann, wenn eine imaginäre Achse es in zwei deckungsgleiche Teile teilt. Würde man die Teile an der gedachten Linie zusammenklappen, hätten sie ein und dieselbe Form. Hier wird die Symmetrie genutzt, um durch eine Spiegelung ein halbes Objekt zu einem Ganzen zu ergänzen. Spiegelfläche ist dabei die Wasseroberfläche eines Sees.

Alter:
ab 6 Jahre

Anforderungen an:
Vorstellungskraft, Grob- und Feinmotorik, Kommunikationsfähigkeit

Benötigte Zusatzmaterialien:
evtl. kleine Säge, Messer

Für die Umsetzung dieses Projektes benötigt man eine Handvoll gerader langer Stöcke, die alle circa die gleiche Dicke haben. Die angestrebte Größe des Objektes und die Wassertiefe bestimmen die Länge der benötigten Äste. In diesem Beispiel sind die längsten ca. 80 cm lang, bei einer Wassertiefe von 15 cm.

Nun ist eine Entscheidung nötig: Welche Form soll durch die Spiegelung entstehen? Alle symmetrischen Figuren, die eine horizontale Symmetrieachse besitzen, sind möglich. In diesem Beispiel wurde eine Raute gewählt.

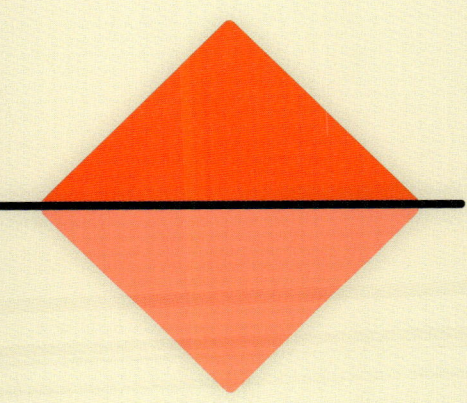

Die gewählte Figur sollte man zuvor auf dem Boden am Ufer ausprobieren. [1] So wird am deutlichsten sichtbar, wie viele Stöcke in welcher Länge zusätzlich nötig sind. Eventuell müssen die Kinder nun auf die Suche nach weiteren Ästen gehen, um die Form zu vervollständigen. Bereits gesammelte Äste können aber auch auf das gewünschte Maß gebrochen werden. Ein wenig Längenunterschied lässt sich ausgleichen, indem die Äste unterschiedlich tief in den Boden gesteckt werden. Aus diesem Grund müssen sie nicht exakt die erforderliche Größe haben.

1

Nun wird ein Stock nach dem anderen in den Untergrund des Sees gesteckt. **[2–4]** Bei einer Figur wie dieser, die nicht nur an der horizontalen, sondern auch an der vertikalen Achse gespiegelt werden kann, beginnt man am besten in der Mitte. Von dort aus wird erst die eine Seite aufgestellt und im Anschluss die andere, um die Stockhöhen gut miteinander vergleichen zu können.

Ein weiteres Kind kann dies vom Ufer aus beobachten und Tipps geben, denn im See stehend lässt sich schwer abschätzen, ob das Konstrukt die richtigen Formen annimmt.

Lassen sich die Stöcke nur schwierig in den Untergrund stecken, können sie zuvor angespitzt werden. Am besten hält man hierzu das Ende des Stockes, das angespitzt werden soll, vom Körper abgewandt. Nun das Messer wenige Zentimeter vom Stockende entfernt ansetzen, um eine kleine Ecke ebenso vom Körper abgewandt abzuschneiden. Diesen Vorgang wiederholt man an so vielen Seiten des Astes, bis eine Spitze entstanden ist.

Kleine Übung zur Symmetrie:

Welche Formen symmetrisch sind und welche nicht, lässt sich gut mithilfe einer Skizze nachvollziehen. Die Kinder können halbe Formen zeichnen und an der vermuteten Symmetrieachse einen kleinen Handspiegel anlegen. Wird in diesem die halbe Figur zu einer vollen ergänzt, geschieht dies genauso an der Wasseroberfläche.

Varianten: Wie zuvor erwähnt, lassen sich in diesem Projekt alle Figuren umsetzen, die eine Symmetrieachse besitzen. Auf welche Formen trifft das zu? Kreis, Quadrat und Dreieck können in jedem Fall mit dieser Methode erzeugt werden.

Es lassen sich aber auch vollkommen abstrakte Formen erschaffen, durch die ganz unerwartete Spiegelungen entstehen.

Nicht nur durch die Dopplung an der Wasseroberfläche lässt sich eine Form vervollständigen. Auch der Schatten eines Objektes kann das ermöglichen. Bei dieser Variante des Projektes ist jedoch die Richtung, in der die Stöcke aufgestellt werden, entscheidend. Nur wenn der Schatten unverzerrt auf dem Boden zu sehen ist, komplettiert er das halbe Objekt zu einem symmetrischen Ganzen.

Zusätzlich sollten die Kinder dabei schnell sein, denn durch den Lauf der Sonne verändert sich die Schattenform permanent.

Seht Euch das an! – Vorhandenes betonen

Genaue Beobachtungen der Landschaft und ihrer Elemente sind Ausgangspunkt der Übungen in diesem Abschnitt. Sehr wahrscheinlich sind die Formen, die als Grundlage der folgenden Projekte dienen, jedem bereits ins Auge gefallen. Allerdings werden diese oft kaum bewusst wahrgenommen. Durch eingreifende Handlungen werden sie hervorgehoben und dadurch ebenso für andere Betrachter deutlich sichtbar gemacht.

Doch nicht nur die Betonung von Vorhandenem ist Gegenstand der folgenden Übungen, sondern auch die Weiterentwicklung entdeckter Formen. Dabei kommen gestalterische Elemente wie Wiederholung und Überhöhung zum Einsatz.

Leerräume füllen

ⓘ

Alter:

ab 4 Jahre

Anforderungen an:

Feinmotorik, Kraftdosierung, Ausdauer, Abstraktionsvermögen

Überall in unserem Umfeld begegnen uns die unterschiedlichsten Zwischenräume: *Lücken, Kuhlen, Löcher, Risse, Brüche, Schlitze, Vertiefungen, Ausschnitte, Spalten, Mulden.* Sie können tief sein oder flach, von Menschenhand geschaffen oder auf natürlichem Wege gewachsen, geplant oder durch äußere Einflüsse zufällig entstanden. All diese großen und kleinen Räume laden dazu ein, gefüllt zu werden.

In diesem Beispiel wird eine kleine Höhle im Stamm eines Baumes verschlossen. Bei der Suche nach einer solchen sollte man vor allem darauf achten, dass sie sich in Greifhöhe für die Kinder befindet.

Nach seiner Füllung soll das Loch farblich unauffällig bleiben – vielleicht sogar fast unsichtbar gemacht werden. Aus diesem Grund sollte man nun Materialien suchen, die einen Farbton aufweisen, der dem der Rinde möglichst gleicht. Gibt es eines, das exakt den gleichen Braunton aufweist? Und wenn nicht, welches kommt am nächsten an die Farbigkeit des Baumstammes heran?

Im Beispiel fiel die Wahl auf die Zapfen, die nicht weit weg vom Stamm zu finden waren. Aber auch Steine oder Stöcke in einem gedeckten Braun- oder Grauton könnten hier zum Einsatz kommen. [1]

Ist eine Handvoll des gewählten Materials zusammengetragen, kann man beginnen die Höhle zu schließen. Schicht für Schicht können die Kinder nun die Stöcke, Steine oder Zapfen vorsichtig aufeinanderstapeln. Möglicherweise muss man dabei ein wenig Druck ausüben, um sie zwischen die Ränder des Hohlraumes zu klemmen. Die Zapfen verhaken sich dabei zusätzlich ineinander und bilden so einen recht stabilen Verbund. [2]

So wird nun weiter gestapelt, bis der obere Rand erreicht ist. Bei den letzten Reihen ist ein wenig Fingerspitzengefühl gefragt, damit die kleine Mauer nicht aus Versehen eingerissen wird. Hierbei können sich die Kinder auch gegenseitig helfen, indem eines die bisherige Arbeit stützt und ein anderes die letzten Materialien einsetzt.

Varianten: Abgesehen von einer dichten und farblich passenden Füllung gibt es noch weitere Möglichkeiten, solche Lücken zu schließen.

Im folgenden Beispiel sollten die vorhandenen Fugen deutlich hervorgehoben werden. Aus diesem Grund fiel die Wahl hier auf farblich auffälliges Material, das sich kontrastreich vom Untergrund abhebt. Neben Beeren und Früchten finden farbiges Laub oder ausgefallene Blütenblätter Verwendung, ebenso Steine oder Stöcke mit besonderer Färbung. Dabei können auch starke Hell-Dunkel-Kontraste genutzt werden.

Nicht nur optische Faktoren sind Kriterien zur Wahl eines geeigneten Materials. Man kann auch nach funktionalen Gesichtspunkten Ausschau halten: Soll die Lücke eher durchlässig sein, um einen Austausch zwischen dem „Davor" und „Dahinter" nicht zu unterbinden? Dann könnten Materialien wie die Samenfasern der Pappeln in diesem Beispiel Verwendung finden. [1] Könnte der Hohlraum auch komplett abgedichtet sein? Vielleicht um etwas dahinter Befindliches zu schützen. Dann sollte ein Füllmaterial gewählt werden, das sich möglichst dicht in die Öffnung fügt. Dieses sollte weich und formbar sein, um es perfekt den Konturen des Hohlraums anpassen zu können. Lehm oder feuchte Erde sind hierfür am geeignetsten. [2]

Nicht nur in der Natur sind Öffnungen zu finden, die nur darauf warten geschlossen zu werden. Auch das städtische Umfeld bietet hierfür einige Möglichkeiten. Verwendet man dabei ebenso Naturmaterialien, so bilden sie mit ihrer organischen Erscheinung einen spannenden Kontrast zu den häufig kühlen und nüchternen Materialien und Formen, die im städtischen Raum Verwendung finden. [3+4]

1

2

3

4

Augenblicke festhalten

Schatten ist die auf einer Projektionsfläche entstehende Kontur eines Objektes. Er kann weich sein oder hart, dunkel oder hell. Gibt es kein Licht, gibt es auch ihn nicht. Doch ist es vorhanden, lässt er sich nicht vermeiden. Entsteht er durch die Sonne, verändert er seine Gestalt im Verlauf eines Tages. *Licht und Schatten* sind untrennbar miteinander verbunden. Diese Tatsache soll Ausgangspunkt dieses Projektes sein.

Alter:
ab 4 Jahre

Anforderungen an:
Wahrnehmung von Formen, Abstraktionsvermögen, Zielorientiertheit

In der einfachsten Variante dieser Übung soll der Umriss des Schattens nachgezogen werden. Bietet der Boden sich dafür an, kann man ihn zeichnen. Entlang seiner Kontur können aber auch Stöcke, Steine oder andere Naturmaterialien gelegt werden, um dessen Begrenzung zu markieren.
Vielleicht findet sich sogar die Zeit, den Schatten dieses Objektes vorher einen Tag lang zu beobachten. Wie verändert er sich? Wann ist er am längsten und wann am kürzesten? Ist er immer gleich dunkel oder wird er auch manchmal heller? Sind seine Konturen konstant scharf? Wann ist er am eindeutigsten? Und wann kann man kaum erkennen, zu welchem Objekt er gehört?
In diesem Beispiel wurde eine junge Birke gewählt, die auf sandigem Boden wächst. Ihre Kontur ist nicht ganz klar auszumachen, da ihre Blätter sich stetig im Wind wiegen. In einem solchen Fall ist Abstraktionsvermögen gefragt. Wie ist es möglich den Schatten dieses Baumes nachzuziehen, ohne jedes einzelne Blatt nachzuzeichnen?

1

jedoch mit Materialien nachlegen, sollten diese zuvor gesammelt werden. Beginnt man, ohne dies vorher zu tun, muss man die Arbeit eventuell unterbrechen, um zusätzliches Material zu suchen. Bei der Rückkehr ist der Schatten vielleicht bereits gewandert und man muss von Neuem beginnen.

2

Der sandige Boden bietet hierfür eine perfekte Grundlage. Wird der Stock mit viel Kraft geführt, hinterlässt er tiefe und dadurch unscharfe, wenig präzise Linien. [1] Im zweiten Beispiel sollen die schmalen Schatten von Gräsern markiert werden. Eine Linie wie im vorangegangenen Beispiel würde den zarten Linien nicht gerecht werden. An dieser Stelle bieten sich kleine Steine an, die sich kontrastreich vom Untergrund abheben. [2+3]

Das Zeichnen eines Schattenumrisses kann relativ schnell umgesetzt werden. Möchte man seine Kontur

3

Varianten: Ist die äußere Form festgelegt, kann zusätzlich die Füllung der Kontur folgen. Dies lässt sich ebenso wie in den vorangegangenen Beispielen durch Zeichnen oder Nachlegen realisieren. Dabei können die Kinder abwechselnd verschiedene Materialien nutzen, die sich auf bestimmte Teile des Objektes beziehen – zum Beispiel Stamm und Blätter durch verschiedenfarbige Steine kennzeichnen. Auch ein Verlauf lässt sich dabei umsetzen. Wie weit ist der Schatten wohl gewandert, bis seine Kontur komplett ausgefüllt wurde? [4]

Die Form eines Schattens verändert sich langsam, aber stetig. Wie sieht er früh am Morgen aus? Wie unterscheiden sich Mittags- und Abend-Schatten voneinander? Diese Veränderung kann ebenso festgehalten werden wie ein einzelner Zustand. Bei der Wahl des Objektes unbedingt darauf achten, dass es sich an einem Ort befindet, an dem die Markierungen nicht zerstört werden können.

Zur Beobachtung des Schattenverlaufes über den Tag hinweg, sollte man nicht nur eine Position auswählen, sondern zwei, drei oder sogar mehrere. Eventuell ist es sinnvoll, sich die jeweiligen Uhrzeiten zu notieren. Zur gegebenen Zeit kann nun der Schatten in seiner aktuellen Form umrandet und gefüllt werden, wie oben beschrieben. Auch wenn nur ein kleines Zeitfenster zur Verfügung steht, lohnt sich der Vergleich. Schon in wenigen Minuten wandert die Schattenform ein beachtliches Stück.
Schatten lassen sich nicht nur auf dem Boden finden, sondern auch an vertikalen Flächen. Kreide, Wasser oder Schlamm können die Kinder nutzen, um die Konturen eines Objektes an einer Mauer oder Hauswand festzuhalten.

4

Manchmal findet sich kein Objekt, dessen Kontur vom Licht auf den Boden projiziert wird. Ganz einfach lassen sie sich selbst schaffen. Dazu braucht man nur Freunde, die sich in die Sonne stellen. [5] Wie sollen sie sich positionieren, damit ihr Schatten besonders interessant aussieht? Lässt sich mit mehreren Figuren eine bestimmte Szene darstellen? Die einzelnen Körperteile und Kleidungsstücke können dabei mit verschiedenen Materialien, Farben oder Mustern gestaltet werden.

5

6

7

An einem trüben Tag kann man nur vermuten, wie die Schatten verschiedener Objekte aussehen. Welche Form könnten sie haben? Wie lang und breit könnten sie sein und in welche Richtung zeigen sie? **[6]**
Manche Objekte sind so groß, dass ihre Schatten sich nicht von einem einzelnen Kind nachfahren lassen, bevor sie sich durch die wandernde Sonne verändern. Dies gemeinsam zu schaffen, ist eine anspruchsvolle Aufgabe für eine Gruppe. Zuvor sollten sich die Kinder untereinander absprechen, welche Variante sie gemeinsam umsetzen möchten, um die Konturen des Objektes zu konservieren.

Die dunklen Formen auf dem Boden haben die verschiedensten Silhouetten, die ganz bestimmt die eine oder andere Assoziation hervorrufen. Woran erinnern sie? Welches Wesen könnte einen solchen Schatten werfen? Oder ist es die Kontur eines skurrilen Fahrzeuges oder der Behausung eines wunderlichen Wesens?
Die Grundform des Schattens kann genutzt werden, um die entstehenden Ideen zu verbildlichen. Augen, Arme oder Räder können die Kinder mit verschiedenen Materialien ergänzen und dem Schatten auf diese Weise Leben einhauchen wie der „Glühbirne" in diesem Beispiel. **[7]**

Solche Silhouetten kann man auch bewusst erzeugen, indem kleinere Objekte wie Kisten, Spielzeug oder Kleidungsstücke gestapelt, angelehnt und arrangiert werden. So lässt sich die Form des Schattens selbst schaffen.

Flächen markieren

Natürliche Oberflächen sind oft geneigt, strukturiert, nicht glatt oder ungleichmäßig gewachsen. Umso mehr erregt *eine waagerechte Ebene mitten im Wald* unsere Aufmerksamkeit. Häufig entstehen sie durch Menschenhand, wie der Baumstumpf im Beispiel, der kaum Verwitterungsspuren zeigt.

Für dieses Projekt eignen sich jedoch nicht nur Baumstümpfe. Auch andere gleichmäßige Untergründe, wie glatte Steine oder ebene Flächen auf dem Boden, funktionieren als Ausgangspunkt für diese Übung.

ⓘ

Alter:
ab 3 Jahre

Anforderungen an:
Wahrnehmung von Formen, Feinmotorik, Vorstellungskraft, Ausdauer

Ist eine geeignete Fläche gefunden, stellt sich als nächstes die Frage nach dem Material, mit dem man sie bedecken könnte. In unserem Beispiel boten sich Eicheln an, da sie in großer Zahl um den Eichen-Baumstumpf herum auf dem Boden lagen.

Untergrund und Material sind nun gefunden, aber in welcher Form sollen sie zusammengebracht werden? Welche Grundform hat die Fläche? Welche Strukturen sind auf ihr zu sehen? Liefern sie Anregungen für mögliche Muster oder geben sie eine Richtung vor? Ahmt man diese nach oder bricht man mit ihnen? Die Struktur der Jahresringe und die sternförmig angeordneten Risse in der Mitte des Stumpfes (Bild 1, S. 64) inspirieren zu einer von der Mitte ausgehenden strahlenförmigen Anordnung der Eicheln.

Nachdem die ersten Früchte die Richtung vorgeben, werden Reihe für Reihe weitere angelegt, bis der Rand erreicht ist. [2–4]

Beim Platzieren der Eicheln entsteht eine unebene Kontur, die nun durch die gezielte Suche nach den passenden Formen „geglättet" werden kann. Besonders kleine, gedrungene, spindelförmige oder schmale Früchte müssen die Kinder aufspüren, um die Kontur möglichst genau nachgestalten zu können. [5] Diese Suche bietet eine gute Übung zur Schulung der Wahrnehmung und stellt zusätzlich die Geduld der Suchenden auf die Probe.

Varianten: Im Beispiel rechts oben lieferte die Struktur der Fläche eine Idee zur Anordnung der Materialien. Ganz sicher bietet jeder andere Untergrund Inspirationen, wie er bedeckt werden kann. Auf einem eckigen Stein könnte das Material auch geradlinig aufgelegt werden, wie seine Grundform es vorgibt – in Linien parallel zur Kante. Materialien in einer Kreisform aufzubringen, um den geradlinigen Formen etwas entgegenzusetzen, ist ebenso eine Möglichkeit.

Gelegentlich trifft man auf eine Stelle, an der mehrere ebene Flächen vorhanden sind. Stehen dort auch verschiedene Materialien zur Verfügung? So könnte jede Fläche mit einem anderen Material bedeckt werden. Dafür eignen sich Steine oder Laub in verschiedenen Farben. [7]
Nicht nur glatte Oberflächen, sondern auch Erhebungen können Aufmerksamkeit erregen – zum Beispiel dann, wenn sonst alles um sie herum eben ist. Stöcke, Steine oder Waldfrüchte können sie bedecken und dabei ihre Form nachempfinden. [6]

6

7

Formen fortführen

Hat man einmal damit begonnen, nach Formen zu suchen, die in der Natur zu finden sind, nimmt man sie bald ganz von selbst wahr. Jede von ihnen hat besondere Merkmale, die sie kennzeichnen. Die Aufgabe im folgenden Projekt ist also, diese Merkmale aufzugreifen und *vorhandene Strukturen zu ergänzen.*
Aber welches Objekt eignet sich für das Vorhaben? Gibt es eine auffällige Form in der Umgebung, die inspiriert sie fortzusetzen? Wodurch zeichnet sie sich aus? Ist sie groß oder klein, lang oder kurz, breit oder schmal? Ist ihre Kontur kantig oder abgerundet?

Alter:

ab 6 Jahre

Anforderungen an:

Wahrnehmung von Formen, Abstraktionsvermögen, Vorstellungskraft, Ausdauer

Welche Richtung schlägt sie ein? Nicht immer sind diese Strukturen markant und eindeutig. Manche sind erst bei genauerem Hinschauen zu erkennen. Solche können jedoch ein umso spannenderer Ausgangspunkt sein, denn vielleicht wären diese Formen sonst gar nicht von anderen wahrgenommen worden. Bei der Auswahl des Objektes sollte darauf geachtet werden, dass in der Richtung, in der man die Erweiterung anbringen möchte, ausreichend Platz vorhanden ist.

In diesem Beispiel wurde die Befestigung des Ufers einer kleinen Bucht gewählt, die aus Wasserbausteinen verschiedener Größen besteht. Ihre Ausläufer Richtung Strand erinnern an dieser Stelle an ein Dreieck ohne Spitze. Diese Spitze soll ergänzt werden.
Wie genau soll die Erweiterung der Form aussehen? Wie groß muss sie sein, damit sie die Ursprungsform fortsetzt? Welche Linien muss man dafür aufgreifen?

Ist eine Form gefunden, muss man überlegen, womit sie gestaltet werden soll. Was für Materialien können dabei Verwendung finden? Soll das ergänzte Stück hervorgehoben werden? Dann könnte es sich durch einen starken Kontrast von der Ausgangsform abhebe – zum Beispiel durch abweichende Farbigkeit, Größe oder Form. Oder soll sich die Fortführung möglichst harmonisch ins Ursprungsbild einfügen? In einem solchen Fall fällt die Wahl auf ähnliche Materialien. In diesem Beispiel wurde der Mittelweg gewählt. Kleinere Steine ähnlicher Gestalt heben sich erkennbar von der ursprünglichen Form ab, fallen dabei jedoch nicht auf den ersten Blick ins Auge.

In welche Richtung werden sie am besten weitergeführt? Sind diese Fragen geklärt, hält man die Idee in Form einer Skizze fest, damit sie später als Orientierung dient. [1] Die Kinder können die Skizze sowohl in den Boden zeichnen als auch mit Materialien wie Stöcken oder kleineren Steinen an ihren Eckpunkten markieren.

Nachdem alle Fragen der Gestaltung geklärt sind, kann die Ausführung beginnen. Nach und nach legt man Stein für Stein auf die vorgezeichnete Linie, um so die gedachte Form zu vervollständigen. In diesem Fall wurde zusätzlich ein leichter Verlauf von groß zu klein umgesetzt, um die angesetzte Dreiecksspitze besser einzufügen. [2+3]

1

2

3

1

2

Varianten: Vorhandene Konturen lassen sich nicht nur fortführen, sondern auch wiederholen. Besonders auf großen Flächen ist dies eine interessante Aufgabe, denn selten haben die Kinder die Möglichkeit, in einem solchen Format zu arbeiten. Hierfür wird die Kontur des Objektes nachgefahren. Zuerst in seiner tatsächlichen Größe, dann immer größer und größer. Wie überschneiden sich die Linien, wenn man das mit benachbarten Objekten macht? **[1]**

Auch ein farbiger Verlauf kann hierbei zum Einsatz kommen. Damit lässt sich ein Übergang schaffen vom Ausgangsobjekt ausgehend hin zum Untergrund. Ebenso kann er die Erweiterung hervorheben und somit für andere deutlich sichtbar machen. **[2]**

Die vorgenommenen Ergänzungen müssen nicht in jedem Fall die ursprüngliche Gestalt fortführen. Sie können sie ebenso aufgreifen und in einer der Phantasie entsprungenen Form münden. **[3]**

3

4

5

Wie zu Beginn gesagt, kann man die Fortsetzung so gestalten, dass sie kaum zu erkennen ist. Welche Farben hat das Ausgangsobjekt? Sind besonders markante Formen erkennbar? Welche Richtung schlagen sie ein? Die Suche nach geeignetem Material kann durchaus eine Herausforderung darstellen, da bei der Umsetzung bereits kleine Details einen Unterschied ausmachen können. **[4]**

Nicht nur in Wald und Flur, auch im urbanen Umfeld lassen sich Formen ergänzen und wiederholen. Ihre Konturen sind allerdings eher starr, geradlinig und hart im Gegensatz zur organischen Gestalt von Natur-Objekten. Diese Voraussetzung kann eine spannende Herausforderung sein, diese Übung akkurat und sauber auszuführen. Was für Materialien lassen sich dafür besonders gut verwenden, weil sie sich präzise platzieren lassen? Welche sind weniger geeignet, weil sie widerspenstig und wenig flexibel sind? **[5]**

Perspektive aufheben

Wie eine optische Täuschung wirkt ein Bild dieses Projektes. Der Künstler Zander Olsen markierte für seine Fotografien Teile der Landschaft an Bäumen mit weißer Folie. Das Auge fügt dabei den unteren gefärbten Teil der Stämme optisch zu einer Ebene zusammen,

ⓘ

Alter:

ab 10 Jahre

Anforderungen an:

Abstraktionsvermögen, Vorstellungskraft, Kommunikationsfähigkeit, Zielorientiertheit

Benötigte Zusatzmaterialien:

Kreppband, große Pinsel, Weißanstrich aus dem Gartencenter, evtl. Papier, Schere, Stift

die losgelöst vom oberen Teil wahrgenommen wird. So scheint das Bild, durch eine Linie getrennt, aus zwei verschiedenen Teilen zu bestehen. Im Folgenden soll diese Horizontlinie auf ganz ähnliche Weise markiert werden.

Besonders anspruchsvoll ist dabei, dass das Werk am Ende nur von einem einzigen Punkt aus betrachtet werden kann oder man es wie Zander Olsen in einer Fotografie festhält, um die Wirkung für alle sichtbar zu machen.

Bereits die Suche nach einem geeigneten Ort kann sich bei dieser Übung schwierig gestalten, da einige Dinge zu beachten sind. Grundlegend sollten Bäume auf einer Anhöhe stehen, bei der eine klare Linie zu erkennen ist. Besonders wichtig ist dabei, dass der Vordergrund also die Anhöhe sich farblich vom

Hintergrund abgrenzt. Im Beispiel hebt sich der von braunem Laub bedeckte Boden recht deutlich vom grünen Blattwerk dahinter ab. [1] Selbstverständlich kann dies auch eine grüne Wiese vor blauem Himmel sein, auf der die gewählten Bäume stehen.

Die Anzahl der Bäume spielt bei der Umsetzung dieser Idee eine wichtige Rolle. Es sollten ausreichend viele sein, damit das Auge sie später als zusammenhängend wahrnehmen kann. Allerdings steigt mit zunehmender Zahl der Bäume und größerem Stammumfang auch der zeitliche Aufwand. Viele junge und schmale Bäume können den gleichen Effekt erzielen, wie wenige Stämme mit großem Umfang.

Besonders interessant und eindeutig wird das Projekt, wenn die Horizontlinie nicht gerade verläuft, sondern einige Unebenheiten, ein Gefälle oder eine Steigung aufweist. Im Beispiel ist dies im Ansatz zu erkennen.

Ist eine geeignete Stelle gefunden, steht die Wahl des Ausschnittes bevor, denn schließlich können nicht alle Bäume auf dem gewählten Hügel gestrichen werden. Im Beispiel hob sich ein Dreieck ab, in dem die Bäume gewachsen zu sein schienen. [2]

Nachdem die grundlegenden Fragen geklärt sind, geht es los. Aufgrund der perspektivischen Wirkung von exakt einem Standpunkt aus, lässt sich dieses Projekt nicht allein realisieren. Vom vorher fest gewählten Platz aus leitet ein Kind ein anderes an. Wird dieser Standort markiert, können sich die Kinder abwechseln. [3]

Somit kann jedes einmal die Aufgabe des Anleitenden und des Ausführenden übernehmen. Stöcke oder eine Zeichnung im Boden eignen sich hierfür. Nimmt ein anderes Kind diese Position ein, ist zu beachten, dass unterschiedlich große Kinder die Horizontlinie aus anderen Winkeln wahrnehmen. Um die begonnene Linie auf Horizontebene fortführen zu können, müssen sie sich deshalb vielleicht auf die Zehenspitzen stellen oder leicht in die Hocke gehen.

4

5

Der anspruchsvollste Teil des Projektes ist mit der Markierung abgeschlossen. Nun folgt das Weißen der Stämme. Wie bereits erwähnt, sollte hierfür unbedingt Farbe verwendet werden, die unschädlich für Pflanzen und Tiere ist. Zum empfohlenen Weißanstrich lässt man sich am besten im Gartencenter beraten, denn er ist direkt zum Schutz der Bäume entwickelt worden. Große Flachpinsel eignen sich besonders gut für den flächigen Farbauftrag.

Zuerst wird die von diesem Standort aus wahrgenommene Linie an den Stämmen markiert. Hierfür verwendet man am besten Kreppband, denn dieses klebt von allein und ist gut sichtbar. Außerdem lässt es sich unkompliziert ablösen und erneut aufkleben, platziert man es beim ersten Mal nicht korrekt. Baum für Baum wird das abklebende Kind so vom markierten Standort aus geleitet. [4+5]

Dies ist manchmal gar nicht so einfach, denn gerade bei Stämmen mit großem Umfang werden die geklebten Linien durch die Perspektive verkürzt und scheinen verbogen, obwohl sie gerade geklebt wurden. Oft muss korrigiert werden, bis die perfekte Linie entstanden ist.

Gerade aus diesem Grund ist dies ein Projekt, das hohe Anforderungen an die Kommunikationsfähigkeiten und Geduld der Kinder stellt. Auch Kompromisse müssen dabei gefunden werden, denn nicht jeder hat den gleichen Anspruch an die Genauigkeit der Ausführung.

6

An den abgeklebten Rändern sollten kleinere Pinsel verwendet werden, um nicht darüber hinaus zu malen. Streicht man von außen zur Fläche hin über das Kreppband, gelangt keine Farbe unter die Abklebung. Auf diese Weise entstehen glatte Ränder. [6]
Wurden alle Bäume geweißt, kann das Kreppband entfernt und das Ergebnis begutachtet werden. Wie verändert sich die an den Bäumen angezeichnete Horizontlinie, wenn man sich den Bäumen nähert oder von rechts nach links bewegt? Findet man den ursprünglichen Standort wieder, auch wenn die Markierung entfernt wurde?

Varianten: Besonders eindrucksvoll wirkt dieses Projekt, führt man es auf schneebedecktem Boden im Winter durch. Das Weiß der gestrichenen Bäume verschmilzt optisch mit dem Weiß der Schneedecke und lässt die Bäume scheinbar erst hinter der Horizontlinie auftauchen.

Bietet die Umgebung keine passende Anhöhe, kann die hier vorgestellte Idee in abgewandelter Form umgesetzt werden. Dabei fügen sich die gestrichenen Felder aus der richtigen Perspektive zu einer geschlossenen Fläche zusammen. [7+8]
Voraussetzung dafür sind mindestens zwei so dicht beieinanderstehende Bäume, dass sie sich optisch überschneiden. Eine aus Papier geschnittene geometrische Form dient als Grundlage der Gestaltung. Zum Einstieg eignet sich ein Viereck am besten. Abhängig von der Entfernung und Größe der gewählten Baumgruppe ist dieses kleiner oder größer. Sicher dauert es ein wenig, bis das passende Maß für das aktuelle Projekt gefunden ist.

7

8

Wie im Beispiel mit der Horizontlinie, leitet ein Kind vom gewählten Betrachterstandort aus ein anderes, das die Begrenzung markiert. Dabei hält es die ausgeschnittene Form vor die Stelle, an der sie später gezeichnet zu sehen sein soll. **[9]** Eine Menge Feingefühl und Ausdauer sind dabei gefragt. Sind die Ecken mit Krepppapier markiert, folgen die Seiten des Vierecks. **[10+11]** Wer ein gutes Augenmaß besitzt, kann dies auch ohne das Papiermodell abschätzen. Auch hier sind sicher einige Korrekturen und Absprachen nötig, bis die richtige Position der Begrenzung gefunden wurde. Alle weiteren Schritte werden wie im Ausgangsprojekt beschrieben ausgeführt.

Auf diese Weise kann man auch andere Formen im Wald schweben lassen. Auch eine imaginäre Linie quer durch den Wald ist dabei denkbar. **[12]**

Höher und weiter! – Vorhandenem trotzen

Auch in diesem Kapitel steht die Wahrnehmung als Ausgangspunkt ganz am Anfang jeder Übung. Jedoch liegt das Augenmerk bei den folgenden Projekten nicht auf den Eigenschaften der Materialien, sondern vielmehr auf der Art ihres Vorkommens in der Natur. Sie werden hier entgegen ihrer natürlichen Verhältnisse arrangiert und dabei in Form und Ordnung verändert – von der Waagerechten in die Senkrechte, vom Liegen zum Schweben, von der Fläche in den Raum.

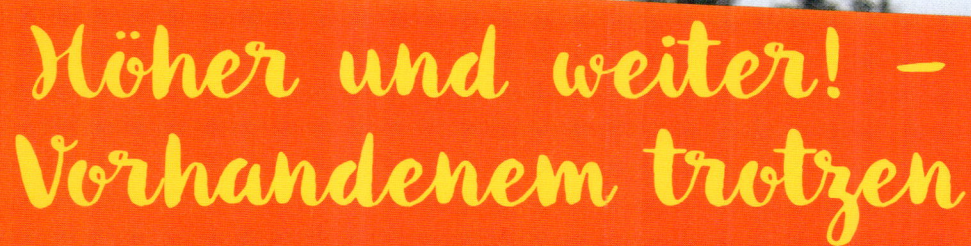

Himmelwärts stapeln

Auf Wandertouren sind sie dem einen oder anderen sicherlich bereits aufgefallen. Besonders häufig sieht man sie an Flussbetten, in denen eine große Menge verschiedenster Steine zu finden ist – kleine und große *Figuren aus mehreren übereinander gestapelten Steinen.* In diesem Projekt werden verschiedene Möglichkeiten vorgestellt, so ein Steintürmchen zu bauen.
Eine gerade Fläche als Untergrund ist Voraussetzung, damit das Ganze stabil und sicher stehen kann. Ein großer Stein kann diese Aufgabe ebenso gut erfüllen wie ebener Boden. Fällt die Wahl auf einen Stein, sollte auch dessen sicherer Halt vorher getestet werden.

Alter:
ab 3 Jahre

Anforderungen an:
Feinmotorik, Erkennen von Kräfteverhältnissen, Vorstellungskraft

Kippelt und wackelt er auch wirklich nicht? Wie muss er positioniert werden, damit er absolut sicher steht?

Sobald eine passende Stelle gefunden wurde, beginnt die Suche nach geeigneten Steinen.
Für den ersten Versuch wählt man am besten die sicherste Version: Am Fuß mit dem größten beginnend, werden die aufgelegten Steine nach oben hin immer kleiner. Das ist die einfachste Variante, denn der Schwerpunkt liegt dabei an der tiefsten Stelle des Turmes.
Bei der Wahl der Steine spielt die Form eine entscheidende Rolle. Sie sollten halbwegs ebene Flächen aufweisen, damit die Herausforderung nicht all zu groß wird. [1] Ein Stein nach dem

1

2

3

4

anderen findet nun seinen Platz auf dem Turm. **[2–4]** Dabei sollte jeder einzelne immer wieder gedreht und gekippt werden. An welcher Stelle hat er die stabilste Position? Wie muss er liegen, damit er tatsächlich nicht mehr wackelt? Manchmal passt ein Stein einfach nicht auf den anderen – dann wird er zur Seite gelegt und ein anderer kommt zum Einsatz. Schritt für Schritt entsteht so der Turm.

Je besser die Formen der Steine ineinanderpassen, umso stabiler steht der Turm am Ende. Nicht nur absolut gerade Flächen eignen sich hierfür. Eine geschwungene Gestalt oder kleine Unebenheiten können dabei sogar manchmal für mehr Standfestigkeit sorgen. Wichtig ist jedoch, dass diese immer eine ihnen entgegengesetzte Form brauchen, um Halt zu bekommen. **[5+6]**

5

6

7

Manchmal beginnt der Turm trotz sorgfältiger Auswahl zu wackeln, weil zwei Steine doch schlechter aufeinanderpassen als zuvor angenommen oder das Gewicht sich ungünstig verlagert. In diesem Fall kann ein Keil die Stabilität wiederherstellen. Dieser wird unter den wackelnden Stein und an der Seite angebracht, in die der Turm zu kippen droht. **[7]**

Varianten: Lässt sich ein solcher Turm anders herum aufbauen? Kann ein kleiner Grundstein eine immer größer und schwerer werdende Ladung tragen? **[8]**

8

Ein solches Gebilde kann selbstverständlich vielfältigste Formen annehmen. Mehrere kleine Türme können zu einem großen verschmelzen. Dabei können sie sich gegenseitig stützen oder vollkommen frei nebeneinanderstehen. **[9]**

Ebenso kann sich eine massive Steinsäule in zwei kleinere aufteilen, durch Brücken verbunden und später wieder zusammengeführt werden. **[10]** Bei Türmen mit solch beachtlicher Höhe sollte man stets bereit sein, einen Satz zur Seite zu machen, sobald der Turm einstürzt, um blauen Zehen vorzubeugen.

9

10

11

12

13

Auch ein fast gerade aufgeschichteter Turm ist denkbar. Hierfür sind Schieferplatten am geeignetsten, da sie recht gleichmäßige Formen und besonders ebene Oberflächen aufweisen. [11]

Am besten in gemeinschaftlicher Arbeit lässt sich folgende anspruchsvollere Variante umsetzen: eine Steinbrücke. [12] Die von der Schwerkraft zu Boden gezogenen Steine werden am Herabfallen gehindert, da sie ineinander verkeilt sind. Bis diese Stabilität zustande kommt, benötigen die Kinder allerdings einiges an Fingerspitzengefühl. Gleichmäßig geformte und keilförmige Steine eignen sich für dieses Bauwerk am besten. An beiden Füßen beginnend arbeitet man sich Stein für Stein in den Bogen hinein. Sehr hilfreich sind dabei mindestens zwei weitere Hände, die den Bogen seitlich stützen, bis er komplett stabil und selbstständig steht.

Bei diesem Projekt wird nicht nur die Feinmotorik geschult, sondern auch die Kommunikationsfähigkeit, denn jeder Schritt muss dabei abgestimmt werden.

Profis können sich daran ausprobieren diese Steinbrücke zwischen zwei Baumstämme zu drapieren. Hilfreich kann dabei ein gebogener Stock sein, der die Brücke bis zu ihrer endgültigen Stabilität von unten stützt. [13]

Schwerkraft überwinden

Stöcke oder Äste sind überall zu finden und vielseitig einsetzbar. Als Wanderstock, Feuerholz oder Dekoration in Haus und Garten finden sie oft Verwendung.

ⓘ

Alter:

ab 5 Jahre

Anforderungen an:

Grobmotorik, Erkennen von Kräfte- und Längenverhältnissen, Ausdauer

Im folgenden Projekt werden *Äste und Stöcke als Baumaterial* genutzt. Wie in der vorangegangenen Übung muss auch hier gegen die Schwerkraft angekämpft werden. Durch Anlehnen, Stützen und Balancieren können ohne zusätzliche Verbindungsmaterialien trotzdem ganze Bauwerke entstehen.

Bei der Wahl des Ortes ist unbedingt darauf zu achten, dass ausreichend Platz vorhanden ist. Zum einen damit genügend Möglichkeiten bestehen, das Gerüst ohne Einschränkungen auszubalancieren. Außerdem sollte es gerade bei größeren Bauwerken eine Stelle sein, die wenig besucht wird, damit das Bauwerk niemandem den Weg versperrt oder eventuell sogar eine Verletzungsgefahr darstellt.

Selbstverständlich muss am gewählten Ort auch jede Menge Totholz in Form von Ästen und Stöcken verschiedener Längen und Ausführungen vorhanden sein, damit eine reiche Auswahl an Baumaterialien zur Verfügung steht.

Nachfolgend werden verschiedene Varianten zur Umsetzung des Projektes vorgestellt. Bei der einfachsten werden die Stöcke gegeneinander gelehnt, sodass in etwa die Form einer Pyramide entsteht. Dafür benötigt man drei circa gleich lange Äste. An diesen sollten sich kleine Astgabeln befinden, denn sie bieten eine gute Möglichkeit, einen Stock an einen anderen zu lehnen und ihn dabei gleichzeitig zu stützen. **[1]** Morsche Äste haben oft kleine Löcher, die ebenso als Halterung funktionieren können. Dazu werden die stützenden Stöcke von unten in die Löcher hineingesteckt. **[2]** Können zwei aneinander gelehnte Stöcke allein bereits stehen? In welche Richtung fallen sie? Ein dritter Ast kann genau auf dieser Seite zum Einsatz kommen und das kippende Konstrukt abstützen. Kann eine weitere Astgabel zusätzliche Standfestigkeit verleihen? Wie müssen die Stöcke platziert werden, damit sie sich gegenseitig gut stützen? Eng beieinander oder breit gefächert? Sicher sind einige Versuche nötig dies herauszufinden.

Varianten: Wie Yin und Yang stehen sich diese beiden Äste gegenüber. Zwei besonders ausladende Gabelungen verhelfen sich gegenseitig zum Stand. [1]

Pyramidenförmig aneinander gelehnte Äste bilden die Grundlage für die folgende Variante, die ein größerer Balanceakt ist. Ein langer Ast wird gestützt an mehreren Punkten in der Waagerechten über dem Boden gehalten. Auch hierbei sind mindestens drei Standpunkte nötig, um ein Kippen zu vermeiden. Allein lässt sich diese Variante nicht umsetzen, denn solange das Astgerüst nicht stabil steht, muss es gestützt werden. Somit ist dies ein tolles Projekt für eine Gruppe von Kindern. [2–4]

Steht einmal ein stabiles Gerüst, wie viele weitere Äste wird es tragen können? Wie groß kann es werden? Und lässt sich ein Kippen immer wieder verhindern, indem man durch Ausbalancieren entgegenwirkt? [5]

1

2

3

4

5

7

Wie die Steintürmchen im vorangegangenen Projekt lassen sich auch Stöcke stapeln. Am sichersten steht ein solcher Turm, wenn seine Größe von unten nach oben abnimmt. Auf einer viereckigen Grundfläche sollten sich jeweils zwei gegenüberliegende Äste in einer Ebene befinden. Auf diesen liegen um 90° versetzt wieder zwei Stöcke auf der nächsthöheren Ebene, ähnlich einer Blockhütte. **[6]**

Um das Grundgerüst einer Höhle zu bauen, benötigt man zuerst größere Stöcke, die man an einen Baum lehnt. Mit diesen werden im Anschluss dünnere Stöcke und Äste verflochten. Abschließend kann die Höhle mit Laub und Moos bedeckt werden. **[7]**

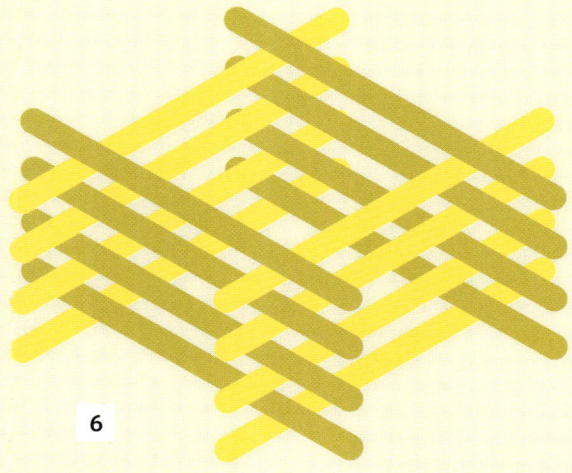

6

Treiben lassen

Die magische Anziehungskraft, die Wasser auf Kinder ausübt, scheint grenzenlos zu sein. Was mit dem Drang zu matschen und zu planschen beginnt, wird später durch die Neugierde ergänzt, die sich auf die besonderen Eigenschaften von Wasser bezieht.

Eine dieser Eigenschaften soll im folgenden Projekt im wahrsten Sinne des Wortes zum Tragen kommen. Aus Stöcken und Halmen geschaffene *Formen werden schwimmend der Natur überlassen.*

Alter:

ab 6 Jahre

Anforderungen an:
Feinmotorik, Vorstellungskraft, Erkennen von Kräfte- und Längenverhältnissen

Benötigte Zusatzmaterialien:
eventuell dünnes Juteband, Messer

Doch was für Äste sind dafür geeignet? Am besten sammelt man eine Handvoll verschiedener Stöcke und Halme und testet ihre Schwimmfähigkeit direkt im See. Treiben alle von ihnen auf dem Wasser oder gehen einige unter? Welche liegen besonders gut und sicher auf der Oberfläche? Abgestorbene Schilfhalme haben im Beispielprojekt am meisten überzeugt.

Wurde der geeignetste auserkoren, können die Kinder weitere Stöcke dieser Art suchen. Für ein Dreieck wie in unserem Beispiel benötigt man insgesamt drei Schilfhalme. Soll die Form umfangreicher sein, müssen entsprechend mehr gesammelt werden.

Sind die Stöcke gefunden, muss man sich nun nach einem passenden Verbindungsmaterial umsehen. Hier gibt es sicher einige Halme und Gräser, die sich anbieten. Doch welche sind weich und biegsam und welche eher spröde und ungeeignet? Stellt sich heraus, dass alle potenziellen Verbindungsmaterialien ungeeignet sind, kann alternativ ein dünnes Juteband Verwendung finden.

Wenn die Äste nicht die nötige Länge haben, sollten sie auf diese zurecht gebrochen werden. Dazu legt man am besten die Form, die später auf dem Wasser treiben soll, auf dem Boden aus. [1] So lässt sich gut abschätzen, an welcher Stelle noch Kürzungen nötig sind.

Zu beachten ist, dass die Stöcke sich an den Ecken überschneiden müssen. Denn nur so lassen sie sich richtig aneinander befestigen. Diese Überkreuzung wird genutzt, um den natürlichen oder mitgebrachten Faden um sie herum zu schlingen – erst in eine Richtung und im Anschluss in die andere diagonal darüber. [2]

Je häufiger man dies wiederholt, umso stabiler wird die Verbindung. Allerdings ist hierbei Vorsicht geboten. Vor allem beim Festziehen des Knotens kann der zuvor für geeignet befundene Halm doch reißen und ein neuer muss gesucht werden.

1

2

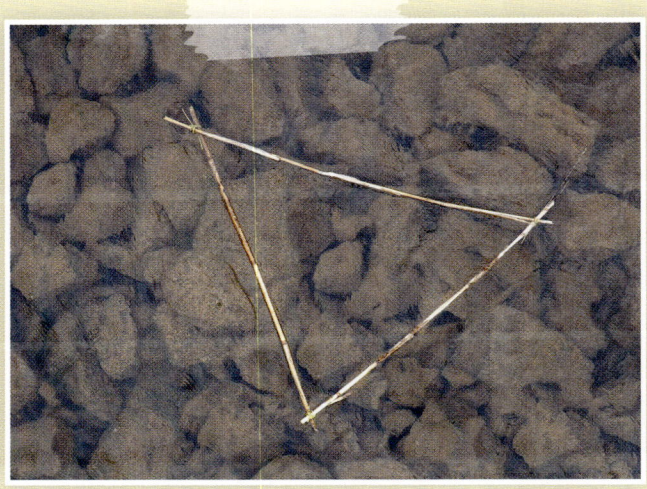

3

Sind alle Knoten fixiert, kann die Form vorsichtig ins Wasser gesetzt werden. In welche Richtung treibt sie? Wodurch wird das beeinflusst?

Varianten: Füllt man die Fläche zwischen den Seiten der Form, funktioniert sie als schwimmender Rahmen. Die Stöcke dienen als Begrenzung, welche die Materialien, mit denen der Rahmen gefüllt ist, vom Davontreiben abhalten. Was für Dinge, abgesehen von Stöcken und Halmen, sind noch fähig, auf der Wasseroberfläche zu treiben? Wie sollen sie innerhalb dieses schwimmenden Bilderrahmens angeordnet sein? **[3]**

Halme und Hölzer können nicht nur ihr eigenes, sondern auch zusätzliches Gewicht tragen. Wie muss ein solches Floß gebaut werden, damit es etwas transportieren kann? Reiht man Stöcke dicht nebeneinander, können mit zunehmender Anzahl größere und schwerere Objekte getragen werden. Wie viel kann das Floß tragen, bis es kippt? Wie muss es baulich verändert werden, um ein Kentern zu verhindern? **[4]**

4

In stehenden Gewässern kann man den schwimmen-den Objekten langsam dabei zusehen, wie sie davon treiben. Dieses Projekt lässt sich alternativ auch in fließenden Gewässern umsetzen.

Im rechts abgebildeten Beispiel wurde eine schma-ler werdende Strickleiter mit langen Bändern an bei-den Uferseiten des Flusses befestigt, sodass sie an Ort und Stelle schwamm und nicht vom Wasserstrom mitgerissen werden konnte. Eine solche Arbeit kann man nicht nur sehen, sondern auch hören, denn das auf den Wellen treibende Holz erzeugt bei seiner Auf- und Ab-Bewegung ein gut hörbares, rhythmi-sches Platschen. **[5+6]**

Ebenso können schwimmende Objekte der Strömung überlassen werden und man kann ihr schnelles Da-vontreiben beobachten.

5

6

*Weiteren Bastel- und Handarbeitsspaß für Klein und Groß bieten
folgende Titel aus der „Mach mit!"-Reihe:*

Brigitte Ettmann
Handarbeitsspaß mit Kindern
104 Seiten, farbig, gebunden
ISBN 978-3-89798-445-5

Katrin Baumann / Steffi Schmat
Klöppeln mit Kindern
96 Seiten, farbig, gebunden
ISBN 978-3-89798-514-8

Julia Schmidt
Basteln mit Papier
88 Seiten, farbig, gebunden
ISBN 978-3-89798-556-8

Heike Becker
Makramee – dekorativ und schön
88 Seiten, farbig, gebunden
ISBN 978-3-89798-524-7

Juliette Michelet
**Punch Needle –
26 phantasievolle Ideen**
88 Seiten, farbig, gebunden
ISBN 978-3-89798-577-3

Constanze Derham
**Zauberhafte Quilt- und
Patchworkideen**
88 Seiten, farbig, gebunden
ISBN 978-3-89798-536-0

Constanze Derham
Neues Leben für alte Kleider
80 Seiten, farbig, gebunden
ISBN 978-3-89798-482-0